힘들면, 기대렴

# 힘들면, 기대렴

• 오인숙

규장

# 서로에게 기대며 **가는 길**

국민일보 이지현 부장과 인사동에서 만났을 때, 〈힐링노트〉 코너를 집필해보지 않겠냐는 이야기를 들었다. 일주일에 한 번이라니 큰 부담이 될 것 같지 않아 쓰겠노라고 답했다.

이후로 매주 〈힐링노트〉를 쓸 때가 되면 신기하게도 소재가 주어지곤 했다. 나는 그렇게 평범한 일상에서 만난 일들을 써내려갔다. 그런데 많은 분들이 그 글에 위로를 받았다는 말을 전해왔다.

'울음이 있는 작은 방'을 썼을 때는 중년의 남성분들이 많이 공감을 해주었는데, 어떤 분은 은퇴하면 '울음방'을 꼭 만들고 싶다고 했다는 이야기도 들었다. 울고 싶어도 울 곳이 없다는 이 시대의 아버지, 남편, 직장인들의 모습이 〈힐링노트〉에 담겨 있었기 때문인 것 같다. '종아리 맞는 청춘'이 실렸을 때는 방황하는 젊은이들이나 그 어머니들에게서, 여성들의 삶을 주제로 이야기했을 때는 여성들에게서, 부부 문제를 썼을 때는 부부들에게서 공감의 메시지가 돌아왔다.

그런가 하면 '힐링노트'를 쓰며 만난 세월호 참사 앞에서는 펜을 들기가 무척 괴로웠다. 언어가 무색했고 펜의 무기력함을 느꼈다.

그렇게 써내려갔던 이야기들과 마음으로 나누고픈 이야기들을 모아 이 책에 담아보았다.

인생은 결코 쉽지 않다. 살아내기가 만만치 않다. 울고 싶어도 울 수도 없을 만큼 힘들 때도 있고, 포기해버리고 싶을 만큼 절망스러울 때도 있는 것이 인생길인지도 모른다. 그 길에서 가장 힘이 들 때는 내 주변의 사람들이 아무도 보이지 않는 때이다. 오직 나 혼자라고 느낄 때이다. 기댈 곳 없이 홀로일 때이다.

기댈 곳이 있는 사람은 절망하지 않는다. 힘이 들 때는 누군가에게 기대고 싶다. 누군가의 가슴에, 어깨에 기대고 싶다. 그렇기에 또한 누군가를 위해 기댈 수 있게 가슴을 내어주고, 어깨를 내어주어야 한다. 그렇게 함께 가는 것이 인생길인 것이다.

또한 인생의 모든 약함을 아시고, 언제든지 "힘들면, 기대렴"

하시는 주님께 기대자. 그분의 품에, 그분의 어깨에 내 지친 삶을 내려놓자. 힘들고 지친 이들이 이 책을 읽고 주님께 기댈 수 있다면 내 영혼 역시 쉼을 얻을 것 같다.

마지막으로, 내가 늘 기대어 사는 주님께, 그리고 책이 나오길 고대해주신 독자들과 나를 위해 기도해주시는 모든 분들께 감사를 드린다.

# 차 례

Part 1

# 여기까지
## 참 잘 왔다

## 아침마다 새로운 삶

삶의 무게를 느낄 때면 찾아가는 곳이 있다. 봄이면 노오란 산수유 꽃이 마을을 뒤덮고 겨울이면 하얀 눈 밑에 빨간 산수유 열매가 아름다운 '이천 산수유 마을'이다. 그곳에 가면 숨이 제대로 쉬어지는 것만 같다. 그리고 너무 빨리 가는 내 시계가 숨을 고르고 여유를 부리는 것 같아서 좋다. 사슴을 키우는 소박한 장로님과 권사님을 만날 수 있어서 더 좋다.

권사님은 피곤을 몰고 가는 이 도시 사람을 위해 기꺼이 시간을 내어주신다. 그 분의 이야기는 들어도 들어도 좋다. 대부분은 집안 어른들의 신앙에 대한 이야기들이다.

봇짐장사를 하시던 아버지가 객지를 떠돌며 예수님을 믿게 된 이야기, 반대하는 집안 어른들 앞에서 '예수님 못 믿게 하면 아예 죽어버리겠다'고 해서 허락을 받은 이야기, 새파란 새색시였던 자신이 호랑이 나온다는 산을 넘어 십 리를 걸어 교회에 다녔다는 이야기, 친정아버지는 성경을 읽으시다가 그 모습 그대로 천국에 가셨고 친정어머니는 목사님 무릎을 베고 주무시듯 천국으로 가셨다는 이야기, 시아버님은 시어머니와 혼례를 치렀던 날과 같은 날, 같은 시간에 환하게 웃으며 천국으로 가셨는데 얼굴에 주름살이 다 펴져서 젊은이가 되어서 가셨다는 이야기…, 그런 이야기들을 들을 수 있다.

그 분의 이야기를 듣고 있노라면 복잡하고 군더더기 많은 내 신앙의 모습이 드러난다. 옛 어른들같이 단순하고 소박한 그런 신앙의 모습이 그리워진다. 그리고 신앙이란 잘 살려고 믿는 것이 아니라 잘 죽으려고 믿는다는 것을 새삼 생각하게 된다. 원하는 것도 많고 바라는 것도 많아 본질을 잃어버린 신앙의 모습을 보게도 된다.

자신을 돌아보며 내 삶이 무겁고 골치 아픈 이유가 '오직 예수' 라는 단순함이 없기 때문은 아닌가 생각해보아도 좋을 것 같다. 그리고 후손에게 들려주어도 부끄럽지 않을 내 신앙의 이야기가 있는지 되돌아보는 지혜도 필요한 것 같다.

지난 시간의 무거움을 털어버리고, 붙잡지 말아야 했던 모든 줄들을 끊어버리고 다시금 가볍게 출발했으면 좋겠다. 우리에게 다시 살 수 있는 새 날이 있다는 것은 참으로 감사한 일이다.

## 나에게 주는 상장

기독교치유상담교육연구원에서 한 학기를 마치며 수강생들에게 백지를 한 장씩 나누어주었다. 의아해하는 수강생들에게 그 백지에 '나에게 주는 상장'을 만들어보라고 했다. 술렁이던 분위기가 갑자기 조용해졌다. 모두들 당황하는 것 같았다.

조금 후에 한 수강생이 울먹이며 "눈물이 나요"라고 말했다. 그녀는 언젠가 이렇게 말한 적이 있다.

"나는 나를 위해 살지 못한 것 같아요. 가난한 집에서 태어나 어렸을 때는 부모와 형제들을 위해 살았고, 결혼해서는 남편과 자식들을 위해 살았고, 성도들을 위해 살았어요."

어떤 수강생은 탄식하듯 "내가 나를 칭찬하는 데 이렇게 인색할 줄 몰랐어요"라고 했다.

이 강의를 수강하는 사람들은 대부분이 교회 사모들이다. 그녀들은 정말 열심히 살아왔다. 결혼 후 사모로 살면서 오십의 나이가 되도록 한 번도 영화관에 가본 적이 없다는 사모도 있고, 시골 교회에서 온갖 험한 일을 도맡아서 했다는 사모도 있고, 탈출하고 싶어서 공부하러 온다는 사모도 있고, 암을 앓고 있는 사모도 있다. 그럼에도 자신을 칭찬하는 상장을 쓰라는 말에 선뜻 쓰지 못하고 수없이 많은 생각들이 스쳐가는 얼굴을 하고는 망연히 앉아 있거나 울컥 올라오는 것이 있는지 눈물을 흘리고 있었다.

잠시 후 '나에게 주는 상장'을 큰 소리로 읽어보라고 했다. 상장을 읽어내려가는 그녀들의 얼굴에 웃음이 피어났다. 자신의 삶에 대한 자부심이 생기는 것 같았다. 그녀들은 서로를 위해, 그리고 자신들을 위해 박수를 쳤다.

인생의 한 시점을 보낼 때마다 지금까지의 세월을 덧없이 보낸 것 같기도 하고, 무언가 제대로 살지 못하고 보낸 것 같은 세월이 회한으로 남기도 한다. 칭찬 받을 것 없는 삶을 산 것 같기도 하다. 그럴 때 '나에게 주는 상장'을 써보자.

'잘 살았다.

여기까지 참 잘 왔다.'

그렇게 나를 끌어안고 칭찬해주자.

## 우리는 질문을 하며 산다

인간은 스스로 의식하지 못하더라도 끊임없이 자신에게 질문을 던지며 살아간다고 한다. 자신에게 하는 그 질문에 따라 삶이 힘들어지기도 하고, 반대로 삶이 견딜만하거나 즐거워지기도 한다는 것이다.

'왜 하필 나에게만 이런 일이 일어나는 걸까?'

'도대체 내가 무얼 잘못했다는 거야?'

'나는 왜 꼭 저런 인간만 만나는 거지?'

'내 선택이 잘못된 것이 아닐까?'

'내 인생은 왜 이 모양 이 꼴인가?'

이런 질문들에 대한 답은 부정적일 수밖에 없다. 혼자 묻고 혼자 답하면서 사람들은 우울해지기도 하고 체념의 삶을 살기도 한다.

자신의 처지를 비관할 수밖에 없었던 환자들이 있었다. 심한 부상으로 몸의 한 기능을 잃은 환자들이었다. 그들은 대부분 이런 질문들을 하고 있었다.

'하필이면 내가 왜 이렇게 된 거지?'

'인생은 왜 이렇게 불공평한 거야?'

'이렇게 살면 뭐해?'

그런데 그중에 이와는 전혀 다른 질문을 자신에게 하는 사람이 있었다.

'그래도 내가 할 수 있는 일이 있지 않을까? 진정한 내 모습은 무엇일까? 내가 내 몸에만 의존하고 있었던가, 아니면 그 이상의 것에 의존하고 있었던가? 과거보다 지금의 내가 더 잘할 수 있는 것은 무엇인가?'

그는 질문에 긍정적인 답을 했고, 온몸의 부상으로 신체 기능의 절반을 잃었음에도 인생을 즐기며 살 수 있었다.

몸의 부상뿐이겠는가? 마음의 상처로 인해 '왜 나만 불행한 거야?'라는 질문을 반복하며 불행을 부르는 사람은 또 얼마나 많은가? 어려운 일을 당했을 때 '하나님은 왜 나에게 혹독하신 거야?'라는 질문을 하며 하나님에게서 멀어지는 사람이 있는가 하면 '분명히 선한 의도가 있지 않으실까?'라는 질문으로 다시 삶을 붙드는 사람도 있다.

자신에게 어떤 질문을 하고 있느냐에 따라 삶의 질이 달라진다. 유명한 컨설턴트인 앤서니 라빈스(Anthony Robbins)는 "가치 있는 삶을 살기 위해서는 자기 자신에게 가치 있는 질문을 꾸준히 던지라"고 조언한다.

　자, 이제는 내가 나 자신에게 어떤 질문을 하고 있나 의식해볼 필요가 있다. 긍정적인 질문으로 나를 북돋아주자.

　'그래도 이만하면,

　잘살고 있는 거 아니야?'

## 돌멩이와 황금

따뜻해진 날씨에 칙칙한 옷을 벗어버리고 산뜻한 옷차림으로 만난 지인들과의 자리에서 '돌멩이'가 화제가 되었다. 새로 세워지고 있는 병원의 홍보실장을 맡고 있는 입담 좋은 P씨가 돌멩이에 대해 신나게 이야기를 꺼내놓은 것이다.

넉넉지 않은 자금으로 대형 병원을 설립해야 하는 어려움 속에서 기초 공사를 하기 위해 땅을 파고 토목 공사를 시작했다. 그런데 뜻밖에도 흙을 파내니 그 아래가 완전히 돌밭이었다. 돌을 캐내서 가져다버려야 하는데, 예상치 못했던 일에 예산의 배가 되는 돈이 필요하게 되어 모두 낙담했다고 한다. 말하자면 돌덩이가 재앙이 된 것이다.

그런데 놀랍게도 곧 그 돌들이 황금이 되었다. 건축하는 사람들과 조경하는 사람들이 몰려와 돌이 나오는 대로 비싼 값에 사가는 바람에 오히려 돈 한 푼 안들이고 토목 공사를 마무리하게 된 것이다.

우리는 황금이 된 돌멩이 이야기를 들으며 그 병원의 행운에 놀라워했다. 그리고 사촌이 땅을 산 셈이라 약간 배가 아프기도 했다. '나한테는 왜 그런 행운이 안 생기는 거야?' 하고 심기가 불편하기도 했다. 결국 돌멩이가 없다고 한탄을 한 것이다. 쓸모없는 재앙덩어리였던 돌멩이가 주어지지 않았다는 데 불만을 가지게 된 것이다.

그러나 우리 삶을 가로막는 돌멩이 하나, 인생길에서 넘어지게 하는 돌멩이 하나, 가슴을 때려 멍들게 하는 돌멩이 하나 안 가져본 사람이 어디 있겠는가?

문제는 돌멩이가 우리 삶에 아직도 고통이나 재앙으로 남아 있다는 것이다. 황금으로 변하지 못하고 돌멩이로 묻혀 장애를 일으키고 있는 것이다.

그런 돌멩이를 황금으로 변하게 하는 비결이 있다. 돌멩이를 재앙덩어리로 보지 않고 보물로 보는 '눈'이다. 모두들 돌멩이를 재앙덩어리, 공사를 방해하는 장애 요소로 보고 낙담하고 있을 때, 그것을 쓸모 있고 꼭 필요하며 행운이 될 수 있다고 보는 시각이다.

인생길에서 나를 낙담시켰던 무수한 돌멩이들을 은혜의 시각으로 보기 시작할 때, 그것이 내 삶에 없어서는 안 될 자원이라는 것을 인정하게 될 때, 비로소 돌멩이가 내 삶의 황금이 되는 것 아닌가?

이제 막 싹을 띄우기 시작한 봄 길을 지나 집으로 돌아온 어느 봄날이었다.

## 울음이 있는 작은 방

"실컷 울어라도 보았으면 좋겠다."

이런 생각을 하는 사람들이 의외로 많다. 우리는 자신이 감정에 자유롭다고 착각한다. 울고 싶을 때 울고, 웃고 싶을 때 웃을 수 있다고 생각한다. 그러나 점차 어른이 되어가면서 감정을 포장하는 법을 배우게 된다. 울고 싶다고 마음대로 울어서도 안 되고, 웃고 싶다고 아무 때나 웃어서도 안 된다고 여긴다. 그렇게 우리의 초자아는 자신의 감정을 마음속 깊이 억압해버린다.

웃음과 울음에 자유로울 수 없는 생활 속에서, 이따금 아무도 모르게 홀로 마음껏 울 수 있는 공간이 있었으면 좋겠다는 생각이 든다. 아주 작은 평수라도 좋다. 이 세상에 아무도 없는 것처럼 울음을 터뜨릴 수 있는 작은 방 하나 있었으면 좋겠다.

며칠 전 만난 중년의 남자는 눈물이 나와 견딜 수가 없다고 했다. 갑자기 아내를 잃은 그는, 시도 때도 없이 울컥 눈물이 나와 교회에서 예배드리기조차 힘들다고 했다. 그의 가슴에는 툭 치기만 해도 터져 나올 것 같은 눈물이 가득 차 있었다. 그러나 그는 울지 못할 것이다. 그에게는 울 공간이 없기 때문이다.

집에서는 어린 자식들을 지켜야 할 가장이라서 울 수 없고, 감정이 할례 된 직장에서도 울 수 없고, 믿음으로 극복해야 한다고 말하는 사람들의 말에 교회에서도 울 수 없다. 그는 봇물처럼 터져 나와야 할 눈물을 꾹꾹 누르며 살아갈 것이다.

그에게는 마음껏 소리쳐 울 수 있는 작은 방 하나가 절실했다. 어린아이처럼 발버둥 치며 울다가 웃고 일어설 수 있는 그런 방이 어른일수록 필요한 것이다.

이 시대를 사는 사람들, 특히 남자들은 자신이 울어야 한다는 것조차 거부하며 살아내야 한다. 그러다가 문득 울고 싶어진다면, 아무도 보지 않는 곳에서 펑펑 울고 싶다고 느낀다면 그나마 참으로 다행한 일이다. 아직 가슴 속에 눈물이 말라버리지 않았다는 말이니까.

마음 밭이 더 황폐해지기 전에, 삶에 분노를 느끼게 되기 전에 울어야 한다. 관계의 그물 속에 얽혀 사는 현대인들에게 '혼자만의 공간'은 정서의 우물이다.

지존자의 은밀한 곳에 거주하며 전능자의 그늘 아래에 사는 자여
나는 여호와를 향하여 말하기를 그는 나의 피난처요 나의 요새요
내가 의뢰하는 하나님이라 하리니 시 91:1,2

지존자 앞에서 울 수 있는,
당신만의 공간을 찾을 수 있기를….

감동 찾기

　외국에서 사업을 하던 동생이 어려운 문제가 있어 귀국을 했다. 작은 기업체를 운영하는 동생은 흔히 말하는 우리나라 대기업인 갑의 횡포에 지칠 대로 지친 몸과 마음으로 그 문제를 싸들고 들어왔다.

　어떤 위로의 말도 위로가 될 것 같지 않아 안타깝고 마음이 무거웠는데, 어느 날 동생이 우리 집 아파트 창 앞에 서서 아래를 내려다보며 "참 아름답다"고 말했다. 아파트 놀이터 주변에 곱게 든 단풍을 보며 말한 것이다.

　동생은 어려운 투쟁의 상황에 지쳐 있었음에도 단풍을 보고 아름답다고 말했다. 그리고 아침이면 놀이터의 단풍을 내려다보면서 날마다 아름답게 변하는 그 모습에 경이감을 느끼고, 길을 걷다가 담쟁이 넝쿨을 보며, 얼굴을 스치는 바람을 느끼며, 세상이 아름답게 여겨지고 힐링이 된다고도 말했다. 너무나 다행스러운 일이었다. 동생이 감동을 잃지 않고 있다는 것이 그리 고마울 수가 없었다.

고대 유럽 신화에 고래도 춤추게 했다는 뛰어난 악사의 이야기가 있다. 악사는 외국에서 열린 대회에서 엄청난 상금을 타게 된다. 그러나 배를 타고 귀국하던 중 상금을 노린 뱃사공들에 의해 바다에 수장될 뻔했으나 살아났다. 붙잡힌 뱃사공들은 사형을 언도받았지만 악사의 간청으로 사형은 면하게 된다. 그러나 그들에게는 사형보다 더한 최악의 벌이 떨어지는데, 그것은 '무엇을 보든 무엇을 듣든 감동을 느낄 수 없기를!'이라는 저주였다. 아름다움을, 감동을 느낄 수 없다면 삶은 그저 생존일 뿐이다.

성경의 첫 장은 감동으로 시작된다. 창조주 하나님께서 세상을 창조하시며 연신 "보시기에 좋았더라"라고 감동하셨다. 첫 사람 아담도 하와를 보고 감동했다. 그러나 창세기 3장에서 그 감동은 여지없이 깨어지고 만다.

지고 있는 인생의 짐이 너무 무거워 지쳐 있는 이들이여, 현실에서 잠시 비켜서서 하늘을 보자. 그리고 제 삶의 빛을 아름다움으로 토해내는 단풍 든 나무를 보자. 기어가는 삶이 힘겨워 서로서로 엉겨가며 담을 덮는 담쟁이를 보자. 얼굴을 스쳐가는 바람을 느껴보자. 당신에게 감동을 주는 이 계절을 놓치지 말기를….

# 여섯 번째 항아리

오랫동안 만나지 못했던 지인을 만나러 나갔다. 그녀가 투병 중이라 걱정을 하며 나갔는데 의외로 이전보다 더 건강해보였고 활기찼다. 그녀는 요즘 행복하다고 했다. 투병 중이고 부요했던 환경이 갑자기 너무 어려워졌다고 하면서도 그녀는 편안하다고 했다. 오히려 짐을 내려놓은 것 같다고 했다. 돈이 있고 건강했을 때는 다툼이 많았는데, 요즘은 부부가 다시 서로 사랑하게 되었다고 했다.

그녀가 '여섯 개의 항아리' 이야기를 깨닫게 된 것 같다. 그 이야기의 내용은 이렇다.

어느 왕의 이발사가 있었다. 그 이발사는 항상 즐거운 얼굴로 자신의 삶에 만족하며 살았다. 왕도 부러워할만큼이나 즐거운 얼굴로 휘파람을 불곤 했다.

그러던 어느 날, 길을 가던 이발사가 여섯 개의 항아리를 발견

했다. 그 항아리 안에는 황금이 들어 있었다. 뜻밖의 행운에 이발사는 꿈을 꾸는 것 같았다. 그는 더 할 수 없이 행복했다.

그런데 문제가 생겼다. 다섯 개의 항아리에는 황금이 가득 채워져 있었는데 여섯 번째 항아리에는 황금이 반만 채워져 있었던 것이다. 이발사는 계속 반만 채워진 항아리에 신경이 쓰였다. 채워지지 않은 반을 채우지 않으면 만족이 없을 것 같았다. 그는 황금이 가득 채워진 다섯 항아리는 보지 않고 날마다 반만 채워진 여섯 번째 항아리만 들여다보며 '어떻게 하면 이 항아리를 황금으로 다 채울 수 있을까' 고민하기 시작했다.

그러면서 휘파람을 불던 그의 모습은 사라지고 불행이 그의 얼굴을 덮었다. 어느 날 왕은 이발사의 초라해진 몰골을 보더니 "자네도 나처럼 여섯 번째 항아리를 가지게 된 모양이군"이라고 말했다.

채워지지 않은 여섯 번째 항아리는 인간의 욕망인지도 모른다. 아무리 채우려 해도 채울 수 없는 것, 그 욕망으로 인해 이미 가득 채워진 소중한 다섯 개의 항아리는 볼 수 없고 만족할 수도 없도록 하는 것….

우리가 채우고 싶어 하는 그것이 소유이든, 권력이든,

명예이든, 일단 '욕망'이라 이름 붙여지면 여섯 번째 항아리처럼 채워질 수 없는 게 아닐까?

나의 지인인 그녀는 여섯 번째 항아리의 비밀을 체험한 것 같았다. 그래서 채우려 애썼던 여섯 번째 항아리에서 눈을 떼고 다섯 개의 항아리에서 행복을 찾은 것 같았다.

## 겨울이 깊어갈 때

겨울이 깊어가고 있는 어느 날이었다. 날씨는 극성스럽게 추웠고 간밤에 내린 눈으로 길은 미끄러웠다. 모임이 있어서 약속 장소로 갔다. 사람들이 잔뜩 웅크린 채로 하나둘 모이기 시작했다. 들어오는 사람마다 한 마디씩 했다.

"무슨 날씨가 이렇게 추워."

"올 겨울은 유난히 추운 것 같네."

"길이 너무 미끄러워. 눈 좀 그만 왔으면 좋겠어."

추운 날씨가 달갑지 않다는 소리들이었다. 그런데 한 여자가 방실거리며 들어오더니 이렇게 말했다.

"봄이 가깝네요."

평소 잘 웃던 그녀는 깊은 겨울 속에서 봄을 보고 있었다.

문득 아침에 받은 카톡이 생각났다. 여든의 나이에도 성경을 암송하시고 강의 활동을 열심히 하시는 여운학 장로님이 보내주신 '감사일기'의 내용이었다.

오늘은 새벽에 일어나 보니 밤새 내린 눈으로 온 천지가 새하얀 세
계로 바뀌었습니다. 하나님의 사랑의 섭리를 찬양하고 감사합니
다. 새벽예배 후 늘 하던 대로 여수천 길을 따라 걷는데 사뿐사뿐
내리는 눈이 가로등 불빛 아래 아름답고, 발길을 옮길 때마다 쌓
인 눈이 뽀드득뽀드득 예쁜 소리로 자신을 짓밟고 지나가는 나를
도리어 즐겨 맞아주게 하심에 감사합니다.

깊은 겨울 속, 짜증나게 조심스럽고 미끄러운 길 위에서도 아
름다움을 느낄 수 있고 감사함을 느낄 수 있는 사람들이 있다.
보고 느끼는 것은 누구나 할 수 있는 일이지만, 그것을 어떻게 보
고 어떻게 느끼는가는 사람마다 다르다. 문제나 환경 자체가 아
니라 그 환경이나 문제를 어떤 관점에서 보느냐 하는 것이 감정
과 행동을 좌우한다.
우리 인생길에서도 깊은 겨울을 만날 때가 있다. 암울하고 도
무지 봄이 다시 올 것 같지 않을 때가 있다. 깊고 추운 인생의 겨
울을 지나고 있는 사람들에게 어느 아빠가 어린 딸에게 해준 이
야기를 들려주고 싶다.

어린 딸은 거세게 바람이 몰아치는 겨울밤에 떨며 원망스런 목소리로 아빠에게 물었다.

"아빠, 하나님은 지금 무얼 하고 계실까요?"

아빠는 어린 딸을 품에 안으며 대답했다.

"하나님은 지금 환한 낮과

그리고 봄을 만들고 계신단다."

## 봄의 소원

봄이 좋은 이유는 또 한 번의 소원을 가슴에 품을 수 있기 때문이 아닐까 싶다. 추운 겨울을 보내고 봄의 기운이 스멀스멀 올라올 때면, '올해에는 제발 이것이 이루어지기를…' 하는 간절한 바람을 소원하고픈 마음이 든다.

〈세 가지 소원〉이라는 재미있는 동화가 있다.

어느 부부가 우연히 세 가지 소원을 들어주겠다는 약속을 받게 되었다. 부부는 너무 좋아서 그 소중한 기회를 아껴 쓰기로 했다.

그런데 어느 날, 식사 준비를 하던 아내가 무심코 "소시지 하나 먹어 봤으면…"이라고 말했다. 그러자 소시지 하나가 식탁으로 덜컥 떨어졌다. 소중한 소원 하나를 값싼 소시지에 써버린 것이다.

남편은 너무나 화가 나서 아내에게 버럭 화를 내며 "소시지가 당신 코에나 달라붙어버려라"라고 했다. 그러자 커다란 소시지가 아내의 코에 달라붙어 덜렁거리기 시작했다. 두 번째 소원은 이렇게 우스꽝스러운 모습으로 지나가버렸다.

자, 세 번째 소원은 어떻게 되었을까? 부부는 그 아까운 세 번째 소원을 "소시지가 코에서 떨어져라"라고 말하는 것으로 허망하게 사용할 수밖에 없었다.

우스운 이야기이지만, 어쩌면 이것이 우리가 품는 소원의 한 단면을 보여주는 이야기가 아닐까. 우리는 소원의 성취가 밖에서부터 주어지는 것이라고 생각하곤 하지만, 그 소원은 이미 내 안에 약속으로 주어진 것이라고 생각해볼 수도 있다.

어쨌든, 우리는 우리 안에 주어진 소중한 약속을 "소시지 하나 먹어 봤으면" 하는 인간의 기본적인 욕구를 충족시키는 데 써버리거나, "코에나 붙어버려라" 하고 자신을 화나게 한 상대에게 통쾌한 복수를 하는 데 써버리거나, 아니면 '코에서 떨어져라' 같은 평범함으로의 환원이나 과거에 대한 향수를 위해 써버리기도 한다.

그리고 보면 우리의 소원은 일상 속에서 성취되기도 하고 사라지기도 하면서 존재하는 것인지도 모른다. 우리의 행동이나 말 속에 성취의 가능성이 있기도 하고 실패의 가능성이 있기도 하다는 것이다.

이 동화에서는 소원을 이루는 도구로 자신의 '언어'를 사용했다. 말한 대로 소원이 이루어졌다. 우리는 "소시지 하나, 소시지 하나" 하며 살다가 성경 속에서처럼 팥죽 한 그릇에 하늘의 복을 팔아버릴 수도 있다. 또는 "코에나 붙어버려라"라고 비난하고 원망만 하며 살다가 불 뱀에 물린 이스라엘 백성처럼 살거나, "소시지야, 다시 떨어져라" 하며 과거 지향적으로 살거나 모든 것을 허무로 돌리며 살 수도 있는 것이다.

소원 하나쯤 가슴에 품고 봄을 기다려보자. 봄이 그래서 아름다운 것이 아닐까. 동화 한 편을 읽고도 삶의 의미를 찾고 싶어지고, 그 삶의 의미를 위한 소원을 가슴에 씨앗 한 톨로 심는 봄.

이 봄의 소원이 소시지보다는 커야 매년 돌아오는 봄에게 덜 미안할 것 같다.

꽃이 피는 때

　봄꽃들이 흐드러지게 피어 사람들을 유혹하는 계절이 되면, 봄 햇살 속에서 꽃들은 화사한 자태로 교태를 부린다. 그 봄에 나는 봄나들이 계획을 세우고, 외국에서 대학을 졸업하고 온 조카에게 한국의 봄 정취를 맛보게 하고 싶어 함께 가자고 청했다. 그런데 갈 수가 없단다. 취업을 위해, 이름도 생소한 '스터디 룸'이라는 곳에서 공부를 하고 있다고 했다.

　졸업하기 힘들다는 외국의 이름 있는 학교에서 있는 힘을 다해 공부하고 왔는데 또 공부라니…. 인생의 봄날인 청춘들이 도서관에서, 스터디 룸에서, 방 안에서 봄을 보내고 있는 것이다. 인생의 꽃을 피우기 위해 안간힘을 쓰고 있는 것이다.

　얼마 전 어느 독자가 "도와주세요"라는 급박한 제목의 메일을 보내왔다. 대학을 졸업한 아들이 취업 시험에 몇 번 떨어지더니 불안 증세를 보이기 시작했다는 것이다. 또 우리 교회 김 집사님의 아들은 취업에 대한 스트레스로 탈모 현상이 왔다고 했다. 페이스북으로 내게 소식을 보내오는 청년도 취업을 못한 채 점점 나이가 들어가고 있었다. 그는 "교회에서도 저는 발붙일 곳이 없습니다. 누구도 저를 상대해주려 하지 않습니다"라고 했다. 그는 계속해서 자신은 쓸모없는 인간이라고 했다. 그들은 봄을 느낄 수가 없다. 암담한 청춘의 봄이다.

그럼에도 해마다 봄은 돌아온다. 햇살 속에 꽃들이 만개한다. 이 봄이 가기 전에 그들이 꽃을 볼 수 있었으면 하는 안타까움에 가슴이 저려온다. 젊음의 생기를 잃은 대학로를 걷다 봄바람에 흔들리는 꽃나무를 보았다. 모든 생명 있는 것들은 흔들리고 아프다.

어느 봄엔가는 곧 저버릴 봄꽃에 초조해하다가 문득 꽃은 봄에만 피는 것이 아니라는 생각이 들었다. 여름의 뙤약볕에 피는 꽃도 있고, 모두 낙엽을 떨구는 가을에 피는 꽃도 있으며, 차가운 흰 눈 속에서 피어나는 꽃도 있다. 인생의 꽃도 피는 시기가 다 다를 수 있지 않겠는가.

봄에 꽃을 피우지 못했다고 자신을 채찍질하는 청춘이 있다면 하늘을 바라보는 여유를 가졌으면 좋겠다. 그리고 언젠가 피워낼 자신의 꽃을 위해 자신을 소중히 여기고 사랑했으면 좋겠다.

진정한 1의 자리

　하루도 빠짐없이 메일로 좋은 이야기들과 특이한 사진들, 동영상을 보내오는 분이 있다. 좋은 것을 나누고자 하는 그 분의 마음과 부지런함에 감탄하면서도 바쁘다는 핑계로 보지 않은 메일 수가 늘어났다. 하루는 메일 정리도 할 겸 지나간 메일을 점검하다가 '1,000억짜리 강의'라는 글을 보게 되었다.

　명예, 돈, 지위 어느 것 하나 빠지지 않고 대단한 성공을 거둔 사람이 어느 대학교에서 강의한 내용이었다. 그는 등장하자마자 칠판에 '1,000억!'이라고 썼다. 그리고 강의를 시작했다.

　"저는 재산이 1,000억이 훨씬 넘습니다. 이런 제가 부럽습니까? 지금부터 이런 성공을 거두려면 어떻게 해야 하는지에 대해 말하겠습니다."

　학생들은 모두 1,000억에 집중했다. 강연자는 1,000억이라는 글자를 가리키며 말했다.

"1,000억 중에 첫 번째 0은 바로 명예이고, 두 번째 0은 지위입니다. 세 번째 0은 돈입니다. 이것들은 인생에서 필요한 것들입니다."

청중들은 고개를 끄덕였다.

"그럼 앞에 있는 1에 대하여 설명하겠습니다. 1은 건강과 가족입니다. 1을 지우면 1,000억은 어떻게 되나요? 바로 0이 되어버립니다. 인생에서 명예, 지위, 돈도 중요하지만 아무리 그것을 많이 가지고 있다 하더라도 건강과 가족이 없다면 바로 실패한 인생이 되어버리는 것입니다."

그의 강연은 큰 박수를 받았다. 그는 나름대로 성공의 의미를 잘 정리했다. 건강과 가족을 생각하지 않고 세 개의 0을 좇다가 건강도 잃고 가족도 잃는 인생의 무지를 지적한 현명한 사람이다. 그러나 현대를 사는 사람들의 가치 기준을 벗어나지는 못한 것 같다.

1의 자리가 과연 건강과 가족일까? 가족과 건강은 1의 다음 자리인 0으로 물러나고 1의 자리는 아무래도 하나님께 드려야 할 것 같다. 강연자는 인간이 하나님의 피조물인 것을 잊고 있었나보다.

1,000억의 인생일지라도 창조주 하나님을 모르는 인

생이라면 무의미하다는 것을 다음 세대를 이끌 젊은이들에게 알려주었더라면, 그의 강의는 1,000억짜리 강의가 아니라 10,000억짜리 강의가 되지 않았을까 생각해본다.

# 멍 때리며 살기

　신문을 보다가 '멍 때리기 대회'라는 이색 제목을 보게 되었다. 누가 이런 신선한 발상을 했는지 '아하!' 하고 무릎을 치게 된다. 이 대회는 세 시간 동안 아무 말 없이 멍하니 앉아 '누가 더 멍을 잘 때리는지'를 겨루는 대회다. 참가자는 아무것도 하지 않고 가장 정적인 상태로 있으면 되고, 심박측정기에서 심박수가 가장 안정적으로 나온 사람이 우승하는 것이다. 이 대회는 빠른 속도와 경쟁 때문에 생긴 스트레스에서 벗어나자는 취지에서 시작되었다고 한다.

　이 대회를 만든 사람들은 아마도 '번아웃 신드롬'(Burnout Syndrome)에 걸려본 사람일 것 같다. 번아웃 신드롬은 뇌의 피로증이다. 뇌가 쉴 틈을 주지 않아 뇌가 소진되어버리는 것이다. 멈춰서는 안 된다는 스트레스 사회의 강박관념이 마음을 지치게 하고 우울하게 한다. '더 열심히'를 표어로 삼고 살아가는 사람들이 번아웃 신드롬에 걸릴 확률이 높다고 한다. 한마디로 뇌를 너무 많이 돌려서 번아웃 신드롬에 걸리게 된다는 것이다.

내가 '멍 때리기 대회'에 공감했던 이유는 다름 아니라 바로 내가 종종 번아웃 신드롬 때문에 고생하기 때문이다. 최근에 머리가 아파서 지인인 의사를 찾아갔다가 '제발 일 좀 줄이고 자신의 몸도 좀 섬기라'는 쓴소리를 들었다. '신경 쓰는 일은 그만하고 쉬라'는 것이 처방이었다. 결국은 뇌가 번아웃되었으니 멍 때리며 살라는 것이다.

그동안 멍 때리는 시간이 부족하게 살았다는 생각을 하고 있는 요즈음이므로 '멍 때리기 대회'에 참석해보고 싶을 만큼 흥미가 발동했다. 그러나 세 시간은커녕 삼십 분도 멍 때리며 앉아 있지 못할 것 같다.

'멍 때리기 대회'의 우승자는 아홉 살 초등학생이었다. 아마도 어른들은 머리를 굴리는 데 가속도가 붙어 우승하기가 쉽지 않았을 것이다. 아이들은 가진 것 없어도 걱정이 없고, 지난날을 우울해하지도 않고, 앞날을 불안해하지도 않으며, 경쟁에서 이기려고 안간힘을 쓰지도 않는다. 뇌를 마음껏 놀게 한다.

때로 어린아이에게서 '멍 때리며 사는 법'을 배워야 할 것 같다.

## 영적 무기력에 빠질 때

　열심히 교회 생활을 하던 집사가 있었다. 그는 성도들에게 행복 바이러스를 전하는 사람이었다. 잘생긴 얼굴에 경쾌한 목소리로 성도들의 사랑을 받았다. 새벽기도, 주일학교 교사, 성가대에서 열심히 봉사하는 등 신앙생활도 모범적이었다. 그런 그가 갑자기 교회에 나타나지 않았다. 오직 하나님만 붙잡고 사는 것 같았던 그에게 무슨 일이 일어난 것인지 모두 의아해했다.

　알고 보니, 그는 어떤 사건으로 인해 깊은 영적 무기력에 빠지게 되었다고 했다. 험난한 세상에 의지할 곳이라고는 하나님밖에 없다고 여기며 살아왔는데, 사업을 하다가 억울한 일을 당한 뒤로 그는 하나님의 침묵을 견디지 못했다. 불타던 열정은 갑자기 싸늘하게 식어버렸다. 그는 너무 지쳤다.

　누구나 영적 무기력에 빠질 때가 있다. 우울증처럼 아무것도 하기가 싫어지고, 의미도 목적도 의욕도 상실할 때가 있다. 그냥 모든 것을 내려놓고 멀리 숨어버리고 싶은 때가 있다. 스스로가 무가치하다고 생각되고, 무기력감에 휩싸여 죽는 것이 낫겠다는 생각이 들 때가 있다. 어느 기독교 심리학자는 영적 무기력을 경험하는 것은 오히려 정상적인 신앙생활 과정 속에 있음을 뜻한다고 했다. 영적으로 우리를 쓰러뜨리려는 존재들과 싸우고 있는 중이라는 것이다. 그리고 이런 과정들을 통해 영적 면역력이 커진다고 했다. 그러나 그 과정을 겪는 중에는 고통스러운 법이다.

그러니 우리 곁에 영적 무기력에 빠져 있는 사람이 있다면 그를 판단하려고만 하지 말고 그가 얼마나 힘들게 싸우고 있는가를 느끼며 기도로 그의 아픔에 동참해주어야 할 것이다. '그'가 곧 '나'일 수도 있기 때문이다.

그가 이런 과정을 통해 다른 사람을 더 깊이 이해할 수 있는 안목과 넉넉한 마음을 갖고 인간보다 하나님을 의지하는 법을 배우게 되기를, 그리고 하나님의 따뜻한 만져주심이 있기를 기도해주자.

만일 지금 이 글을 읽는 당신이 영적 무기력에 빠져 있다면, 꼭 해주고 싶은 한 마디 말이 있다.

"하나님은 당신을 다 알고 계신다. 그리고 당신을 사랑하신다."

## 반드시 그래야만 하는가?

택시를 탔다. 기사 분이 이런저런 이야기를 하기 시작했다. 그 분은 "반드시 그래야 하는 거잖아요"라는 말을 습관적으로 했다. 그리고 '반드시'라는 말에는 힘이 들어갔다.

"나는 '반드시' 성공해야 했는데 실패만 했지요. 나는 하찮은 인간인 거지요."

"부모라면 자식을 '반드시' 사랑해야 하는 거 아닌가요? 그런데 우리 부모는 그렇지 않았다니까요."

"세상은 '반드시' 누구에게나 공평해야 하는 거잖아요. 그런데 그렇지 않잖아요. 썩어빠진 세상이라니까요."

그 분은 '반드시 ~해야만 한다'는 요구를 자신에게, 타인에게, 세상에게 하고 있었다. 그는 당위적 사고를 하고 있었다.

사람들은 세 가지의 당위성을 갖고 있다고 한다. 자신에 대한 당위, 타인에 대한 당위, 세상에 대한 당위. 그런데 이것이 불합

리한 생각을 하게 한다고 한다. 자신에 대한 당위는 '나는 반드시 일을 잘해내야만 하고 타인들로부터 인정을 받아야 한다. 그렇지 못하면 나는 가치가 없는 인간이다'라는 것이고, 타인에 대한 당위는 '사람들은 반드시 나를 공정하게 대우해야 하며 만약 그렇지 않다면 나는 참을 수가 없다'라는 것이다. 세상에 대한 당위는 '세상은 반드시 내가 원하는 방향으로 돌아가야만 한다. 그렇지 못한 끔찍한 세상에서는 살아갈 수가 없다'는 것이다.

불만에 가득 찬 그 분의 뒷모습을 보면서 '반드시'가 문제라는 생각을 했다. 우리도 의식하든 의식하지 못하든 '반드시 어떠해야만 한다'라는 생각을 하고 있다. '반드시' 나는 성공해야 하고, '반드시' 너는 나를 사랑해야만 하고, '반드시' 세상은 내 뜻대로 돌아가야 하고, 하나님까지도 '반드시' 내 뜻대로 움직여주실 것을 요구하는 게 인간이다.

그러나 이런 바람은 여지없이 좌절된다. 내 뜻대로 된다면 얼마나 좋겠는가마는 나도, 너도, 세상도 내 요구대로 되어주지는 않는다. 반드시 그렇게 될 수도 없지만, 반드시 그래야만 한다는 주관적인 생각이 반드시 옳은 것이냐 하는 것도 문제가 된다. 오히려 '반드시 그렇게 되지 않을 수도 있다'는 생각이 우리의 삶을 좀 더 여유롭게 만드는 것은 아닐까?

## 속눈썹을 붙인 국가대표

연예인들이 태릉선수촌을 방문하여 훈련하는 선수들을 돌아보고 인터뷰도 하는 TV 프로그램이 방영된 적이 있다. 선수들은 자신의 한계를 넘어서기 위해 피나는 고통을 감수하고 있었다. 젊음의 꿈틀거리는 패기가 그들을 땀으로 젖어 빛나게 하고 있었다. 그들은 금메달이라는 상급을 향해 끝없이 달리고 있었다. 지치고 지치면서도 일어나 달리고 달려야 했다. 멈추면 진다. 그들은 메달을 향해 안간힘을 쓰고 있었다.

한 연예인이 지나가는 선수를 붙잡고 물었다.

"챔피언이 되려면 어떻게 해야 하지요?"

그 물음에 레슬링을 한다는 여자 선수는 간결하면서도 단호하게 대답했다.

"죽어야지요!"

젊은 선수의 그 결연한 말이 가슴을 쳤다. 죽어야 상급이 있는 삶, "나는 날마다 죽노라"(고전 15:31)라는 바울의 말과 닮아 있었다. 크리스천의 삶은 날마다 죽는 삶이다. 그러나 선수촌 안에 들어와 특권을 누리는 국가대표 선수와 같은, 예수 그리스도 안의 사람들이다.

그 여자 선수와 인터뷰를 하던 연예인이 신기한 것을 발견한 것처럼 억양을 올렸다.

"어, 속눈썹을 붙였네요."

그녀는 날마다 죽을 만큼 힘들게 훈련하면서도 땀으로 범벅이 된 얼굴에 곱게 속눈썹을 붙이고 있었던 것이다. 또 다른 연예인이 짓궂게 물었다.

"에~에~에~ 연애하는구나? 사랑하는 거 맞지요?"

"예."

그녀가 부끄러운 듯이 웃었다. 그녀는 치열한 삶 속에서도 자신을 가꾸고 있었다. 멋진 일이 아닌가. 그 힘이 사랑에서 나와서 더 빛나는 것 같았다. 그녀는 아주 행복한 얼굴로 즉석 인터뷰를 마쳤다.

푯대를 향하여 그리스도 예수 안에서 하나님이 위에서 부르신 부름의 상을 위하여 달려가노라 빌 3:14

크리스천은 이 말씀과 같은 삶을 살아야 한다. 그러나 힘든 달음질 속에서도 사랑함으로 멋지게 살았으면 좋겠다.

인생길, 피 땀을 흘리며 뛰는 중에도 사랑으로 가득 차 속눈썹을 붙인 그 선수처럼 살아가면 좋을 것 같다. 날마다 죽어야 하는 삶 속에서 자신을 사랑하고 이웃을 사랑함으로, 삶이 무겁기만 하고 메마르기만 한 것이 아님을, 때로는 멋지기도 한 것임을 즐길 수 있었으면 좋겠다.

Part 2

# 그래도
## 소망이 있단다

고난 놓기

삶이 늘 평온하다면 좋겠지만 때로 삶은 우리를 고난의 터널 앞에 세우기도 한다. 고난은 사람을 빨아 당기는 수렁처럼 우리의 신경을 온통 고난에 빠져들게 한다. 나 외에 누구도 돌아볼 수 없게 만든다.

'왜 하필 나만 이런 고통을 당해야 하나?'

이런 생각을 하게 한다.

큰 고난의 슬픔 속에 있던 어느 여인이 랍비를 만났다. 랍비는 그녀에게 고난이 없는 집에서 그릇을 빌려오면 슬픔을 잊게 해주겠노라고 했다. 과연 가능했을까? 그녀는 고난이 없는 집을 찾아다니다가 그릇 대신 자신만이 고난을 겪고 있는 것이 아님을 알게 되었다고 한다.

나와 같은 고난을 겪고 있는 '또 다른 나'가 있음을 기억할 때, '나만 왜 이렇게…?'라는 분노를 조금은 삭일 수 있을지도 모른다. 나에게 허락된 고난에 어떤 의미를 붙이느냐는 나 자신에게 달려 있다.

이 세상에서 가장 향기로운 향료는 병든 고래의 기름에서 나오는 물질이고, 가장 아름다운 소리를 내는 바이올린은 나무가 자랄 수 없는 수목한계선에서 비바람을 맞으며 웅크리고 있는 나무로 만든 것이라고 한다. 이런 이야기를 통해 고난의 의미를 다른 각도로 볼 수 있지 않을까. 실제로 고난을 거쳐 간 많은 사람들이 고난 후에 삶의 옹이가 단단해졌노라고 고백하는 것을 볼 수 있다.

누군가 고난당하는 사람에게 "고통을 너무 오래 붙잡고 있지 마십시오"라고 말했다고 한다. '고통을 붙잡고 있는 사람도 있을까?' 하는 의문이 들지도 모르겠다. 하지만 놓을 수 있는 고난을 굳이 붙들고 있는 사람이 있다. 고난을 붙들 수도 있고 놓아버릴 수도 있는 의지가 우리에게 허락되어 있는 것이 사실이기 때문이다.

현재는 고난의 의미를 알 수 없을지라도 결국은 합력하여 선을 이루시는 하나님을 바라볼 수 있다면 고통을 놓아버리기까지의 시간을 단축시킬 수 있을 것이다.

혹시 나도 고난이나 그로 인한 상처를 붙들고 있지는 않은가? 스스로를 한번 점검해보자. 그리고 그것을 과감히 놓아버림으로 더 이상 내 삶에서 상처의 가시, 고통의 가시들이 힘을 쓸 수 없게 하자.

## 남겨진 것

　19세기의 영국 화가 조지 프레데릭 워츠(George Frederick Watts)의 그림이 있다. 불안해 보이는 지구처럼 생긴 공 위에 한 소녀가 겨우 몸을 추스르듯 맨발로 앉아 있다. 그녀의 눈은 천으로 가려져 있다. 그녀가 안고 있는 수금은 사슬에 묶여 있다. 수금의 현은 하나만 남겨진 채 모두 끊어져 있다. 그래도 그녀는 남겨진 하나의 현으로 수금을 연주하고 있다.

　이 그림은 절망을 묘사한 듯 음울하고 처절하다. 그러나 화가는 이 그림의 제목을 〈희망〉(Hope)이라고 붙였다. 희망은 어디에 존재하는가?

　'희망이 없다'고 말하는 사람들이 우리 주변에 위태로운 모습으로 삶을 이어나가고 있다. 그러나 희망은 절망 가운데 남겨진 하나의 현으로 존재한다. 희망은 충족된 삶에 있지 않고 절망의 자리에서만 그 존재 가치가 있다. 우리는 잃었다고 생각하는 것들에 집착하며 절망한다. 그러나 우리 모두에게는 남겨진 무엇인가가 있다. 이제 그 남겨진 것을 찾아 삶을 연주해야 한다.

절망 속에서 희망을 붙잡은 사람들의 특징은 남겨진 하나를 찾아낸 사람들이다. 사고로 몸의 기능을 잃고 반신불수가 된 사람이 찾아낸 '남겨진 것'은 '생각할 수 있는 능력'이었다. 그는 생각할 수 있는 능력으로 글을 써서 작가가 되었다. 또 파산으로 재산을 모두 잃은 한 사람은 자신에게 '남겨진 것'들을 공책에 적기 시작했다.

'아내, 아이들, 친구, 건강….'

그리고 많은 것들이 남겨진 것을 발견하고 새 힘을 얻었다.

청중 앞에서 연주를 하던 바이올리니스트의 바이올린 현이 하나 끊어져버렸다. 그는 당황하지 않고 계속 연주했다.

'줄 하나가 끊어졌을 뿐이다.'

그런데 곧 두 번째 줄도 끊어졌다.

'아직 반이나 남았어.'

그는 연주를 멈추지 않았다. 세 번째 줄이 끊어졌다. 청중은 숨을 죽였고, 그의 불운에 '아아' 하고 탄성을 질렀다.

우리 인생에서도 한꺼번에 오는 불행은 우리를 절망케 한다. 남겨진 하나의 현은 쓸모없다는 생각을 하게 되어 그것까지 자신의 손으로 끊어버리기도 한다. 그러나 세 개의 줄이 끊긴 바이올린을 들고 연주자는 소리쳤다.

"줄 하나와 하나님!"

그리고 한 줄 남은 희망을 붙잡고 하나님과 함께 끝까지 연주했다.

## 우울한 일상

소식이 뜸하던 친구에게서 오랜만에 전화가 왔다. 꽃이 피는 계절이 와도 왠지 무기력감에 몸과 마음이 가라앉기만 한다고 했다. 삶이 늘 생동감 있고 활기찬 것은 아니지만, 나 혼자만 소외된 것 같고 즐거운 일이라고는 없는 것 같다고 했다. 누굴 만날 일도, 가슴 설레는 일도 없으니 삶이 무미건조하다는 거였다.

어찌 그 친구뿐이겠는가? 우리도 이따금 식상한 삶으로 인해 우울의 수렁에 빠질 때가 있다. 상실의 아픔이 있거나 심한 스트레스를 주는 어떤 환경이나 자존감과 안정감을 유지시켜주는 사회적 지지를 받지 못하거나 영적 침체 때문에 우울할 수도 있다.

성경의 시편에도 우울한 고백들이 숨김없이 드러나 있다. 하나님께서는 시편 기자들의 침울하고 의기소침한 고백을 정죄하지 않으신다. 인간의 삶은 긍정적인 감정들과 부정적인 감정들로 짜인 한 장의 피륙과도 같은 것이다. 그런데 어떻게 날마다의 삶에서 좋은 감정만 유지할 수 있겠는가? 그러니 마음이 우울할 때면 좀 더 자신의 삶을 사랑하라는 신호가 아닐까 생각해보면 좋을 것 같다.

'왜 이렇게 사는 게 재미가 없을까?'

이런 부정적인 생각이 들 때면 이렇게 선포해보라.

"그래도, 인생은 살 만한 가치가 있어."

그러면 한결 몸을 추스르기 쉬워질 것이다.

우리에게 주어진 삶의 시간은 소중한 것이다. 그것은 우리에게 그리 오래 머물러 있지 않는다. 날마다 반복되는 평범한 일상이 우리에게 큰 은혜일 수도 있다.

어느 여인이 사는 게 너무 힘들기만 하고 살맛이 나지 않아 빨리 천국으로 가기를 소원했다고 한다. 그녀의 기도에 대한 응답은 '일주일 동안 집안 청소하기, 일주일 동안 아이들에게 칭찬하기, 일주일 동안 남편에게 사랑의 말 하기'였다고 한다. 그 결과 그녀는 천국에 가지 않기로 했다. 그녀가 있는 그곳이 천국이 되었기 때문이다.

자, 이제 대청소를 해보자. 먼지떨이를 들고 묵은 먼지를 탈탈 털어내고 플라스틱 통에라도 꽃 한 송이 꽂아보자. 기분이 한결 나아질 것이다.

# 자기 통제력

어느 교회에서 기독교 교육에 대한 강의를 마치고 나오는데 그 교회 집사라는 분이 상담을 요청했다. 시간이 없어 잠시 이야기를 듣기로 했다. 자녀 문제로 너무 머리가 아프다는 거였다. 아들은 인터넷 게임에 빠져서 학교도 안 가려 하고, 직장에 다니는 딸은 춤에 빠져 정신을 못 차린다고 했다.

그 이야기를 들으며 며칠 전에 들었던 어느 집사 남편의 이야기가 동시에 떠올랐다. 테니스에 중독되어 직장을 그만두고 날마다 테니스를 치러 다닌다는 이야기였다.

무언가에 중독되어 제 할 일을 못하고 주어진 삶의 시간들을 허송하는 사람들이 너무나 많은 시대를 우리는 살고 있다.

중세에도 그런 사람이 있었다. 중세 시대 한 성주의 동생이 반란을 일으키고는 사람들의 이목이 두려워 차마 형을 죽이지 못하고, 겨우 한 사람만 빠져 나올 수 있는 작은 문 하나가 있는 감옥에 가두었다. 동생은 형에게 "언제든지 그 문을 나올 수 있다면 자유인이 될 수 있다"고 선언했다. 하지만 몸집이 비대했던 왕은 그 문으로 빠져나올 수가 없었다.

동생은 형에게 온갖 맛있는 음식을 매일 푸짐히 넣어주었다. 그러면서 사람들에게 자신은 형에게 최고의 대접을 하고 있으며, 형이 원한다면 언제나 자유로워질 수 있다고 말했다. 그러나 형은 산해진미의 유혹을 이기지 못하고 계속 폭식을 했고, 결국 그 감옥에서 영영 빠져나올 수 없었다고 한다.

내 삶에 주어진 시간을 주신 분의 뜻대로 살려면 유혹에 저항하는 능력이 있어야 하고, 만족을 지연시키는 능력과 충동을 억제하는 능력이 있어야 한다. 이 세 가지 능력이 자기통제력이다. 요셉이나 다니엘과 그의 세 친구들은 자기통제력이 강했던 사람들이다.

일상 속에서 나 자신이 나를 가두는 일은 없었나 생각하게 된다. 세상문화 속에서 나를 통제하기란 그리 쉽지 않다. 한 그릇 팥죽에 장자권을 판 에서나 목욕하는 여인의 유혹에 넘어간 다윗 속에, 그리고 어리석은 중세의 왕의 모습 속에 있던 욕구가 내 안에도 짐승처럼 도사리고 있는지 모른다.

우리는 무엇이든 자유롭게 선택할 수 있다. 그러나 잘못된 선택은 감옥이 되어 자신을 가두고 결국 자유를 박탈해간다.

청년이 무엇으로 그의 행실을 깨끗하게 하리이까 주의 말씀만 지킬

따름이니이다 시 119:9

## 행복 작정

이 세상에 행복하고 싶지 않은 사람이 있을까? 우리는 '사람은 누구나 행복하기를 원한다'는 가설을 갖고 있다. 그러나 과연 그럴까?

세상을 살면서 사람들을 만나다 보면 행복하지 않기로 작정한 것 같은 사람을 만나게 된다. 그런 사람은 아무리 어려운 사람에 대한 이야기를 하더라도 이렇게 반응한다.

"그래도 내 처지보다는 나은 것 같네. 그 사람은 그래도 나보다 더 많이 가진 것 같은데?"

결론은 언제나 자신이 가장 불행하고 어떤 처지의 사람이든 자신보다는 행복하다는 것이다. 남의 어려움은 안중에 없고 내 어려움은 과장되게 생각한다. 커다란 백지에 작은 점 하나가 찍힌 것을 보여주면 넓은 면의 여백은 보지 못하고 작은 점 하나만 집중해서 보는 것과 같다.

이런 사람은 끝없이 남과 비교하고, 가진 것을 즐기며 살 줄 모른다. 가까이서 웃음 짓고 있는 행복을 걷어차 버리는 법도 알고 있다.

"너는 내 것이 아니야!"

"내 인생에 행복? 그런 건 존재하지 않아."

"정신 차려야지, 곧 어려운 일이 닥칠 거야."

"내게 왜 잘해주는 거지? 무슨 꿍꿍이속이람?"

이런 사람은 오히려 행복이나 성공을 두려워하며 항상 갈등하고 원망한다. 불안심리를 가지고 있다.

그러고 보면 행복을 감출 곳이 없어 끙끙대던 마귀가 인간 개개인의 마음속 깊이 행복을 감추어놓고는, 인간이 결코 자신 속에 있는 행복을 찾을 수 없을 거라고 장담했다는 이야기가 수긍이 간다. 어쩌면 우리 속에 있는 행복이 자신을 좀 느껴달라고, 기뻐해달라고 애걸하고 있는지도 모르겠다. 늘 외면해버리는 우리 속에서 말이다.

예수님이 병자에게 "네가 낫고자 하느냐?" 하고 물으시는 이야기가 요한복음에 나온다(요 5:6). 병자가 낫고자 하는 것은 당연한데 왜 그런 질문을 하셨을까? 지금 주님께서 우리에게 "네가 행복하기를 원하니?" 하고 물으신다면 "그야 당연하지요" 하고 얼른 대답하기 전에, '정말 내가 행복하기를 원하는가?' 자문해보아야 할 것 같다.

행복이란, 이미 그것이 내게 있음을 인정하고 느끼고 소중히 여김으로 실제가 될 수 있는 것 아닐까? 내 마음에서 거부할 때 멀리 도망가는 것이 행복이라면 얼른 잡아야 할 것 같다. 행복하기로 작정해야 할 것 같다.

## 쉬어야 할 때

열심히 산 것 같은데 이렇다 할 만한 소득도 없고 인정도 받지 못하는 것 같아 허탈하다는 지인을 만났다. 그는 세상에서 삶과 씨름하다 지쳐 로뎀나무 밑에 앉아 독백을 하는 듯 말했다.

"그래도 주님을 위해 열심히 산다고 살았는데, 내게 돌아온 것은 무엇이지?"

"모두가 잘되는 것 같은데 왜 나만 이럴까?"

그는 낙심해 있는 듯했다.

그는 그동안 바알 선지자들과 대결하여 승리를 거둔 엘리야처럼 씩씩하고 용기 있게 잘 살아왔다. 그가 무미건조한 삶을 살았다면 굳이 슬럼프에 빠질 이유도 없었을 것이다. 그는 아주 열심히 살아왔다. 높은 산등성이에 오른 사람이 깊은 계곡으로도 내려가는 법이다. 그는 자신이 무능해지는 것 같다고 말했지만, 실상은 지쳐 있을 뿐이다. 쉬어야 할 때인 것이다.

하나님은 지친 엘리야를 질책하지 않으셨다.

"성령으로 충만하여 끝까지 승리해야지, 그 꼴이 무엇이냐?"

이렇게 윽박지르지 않으셨다. 하나님께서 우리의 체질을 아시는 분이라는 게 얼마나 위로가 되는지 모른다.

하나님은 지친 엘리야에게 기본적인 인간의 욕구를 채워주셨다. 숯불에 구운 떡과 물을 먹고 마시게 하고 잠을 푹 재우시고 천사를 보내 어루만져주게 하셨다.

마찬가지로 그에게 필요한 것은 충분한 영양과 휴식이었다. 그리고 그를 어루만져줄 가족과 이웃의 손길이었다. 그는 약해 보이는 것에 대해 부끄러워 할 필요가 없었다. 그는 너무 많이 달려왔다. 성령께서 그를 어루만져주시고 세미한 주님의 음성을 듣게 하실 것을 기도해본다.

어느 책에서 감기가 들어 코가 다 헐어버려서 휴지만 갖다 대도 자지러지게 아파하는 아들의 코를 혀로 핥아준 아버지의 이야기를 읽은 적이 있다. 그는 지금 감기 든 어린아이처럼, 코를 혀로 핥아주는 아버지의 사랑에 흠뻑 빠져도 좋을 것이다.


수고하고 무거운 짐 진 자들아 다 내게로 오라 내가 너희를 쉬게 하리라 마 11:28

## 무엇에 도취되어 사는가?

　배울 것이 있어서 중년 연령의 여인들이 모이는 모임에 나갔다. 그녀들은 늘 여행 이야기로 모임을 시작했고, 이야기의 마무리는 여행 중에 한 쇼핑에 대해서였다. 그녀들은 여행에 도취해 있는 것처럼 보였다.

　소식이 끊겼던 친구에게 연락이 왔다. 요즘 클래식 음악에 심취해 있다고 했다. 우리 이웃의 아무개는 테니스에 미쳐 직장까지 그만두었다고 했다. 밤새 컴퓨터 게임을 한 청소년들이 지하철 안에서도 눈이 빨개진 채 게임을 하고 있다. 모처럼 가족 외식을 하려고 음식점에 갔더니 음식을 맛있게 먹으며 대화를 하는 가족보다는 각자 핸드폰으로 열심히 문자를 보내는 진풍경이 보인다. 모두들 무엇엔가 도취되어 있는 것처럼 보인다.

　인간은 무엇엔가 도취되어야만 살 수 있다고 한다. 그러나 잠시 멈춰 서서 '나는 무엇에 도취되어 사는가?'를 생각해보는 것도 나쁘지 않을 것 같다.

한 가지에 지나치게 도취하면 중독이 된다. 도박장에 없는 것이 세 가지 있다고 한다. 창문과 거울과 시계이다. 세 가지가 없는 이유를 나름 생각해본다. 창문이 없는 것은 남들이 열심히, 정직하게 사는 것과 세상 돌아가는 것을 볼 수 없게 하고, 계절의 유혹에서도 벗어나게 하기 위해서인 것 같다.

거울이 없는 것은 현재 자신의 모습을 볼 수 없게 하기 위해서가 아닐까 생각해보았다. 헝클어진 머리, 핏발이 선 눈, 그런 현재의 자아상을 외면해야만 도박에 심취할 수 있을 것이니까. 나를 본다는 것, 즉 외면뿐만 아니라 내면까지 본다는 것은 두려운 일이기 때문이다. 거짓 자아에 취해 사는 것이 오히려 공허한 나를 채울 수 있다고 생각하도록 하기 위함인지도 모른다.

시계가 없는 것은 시간을 의식하지 못하게 해서 세월이 흘러간다는 것, 소중한 오늘이 무의미하게 지나간다는 것을 의식하지 못하게 하기 위함인 것 같다.

미하엘 엔데(Michael Ende)가 쓴 《모모》라는 책에 '시간 도둑'이 나온다. 우리는 무언가에 도취되어 살면서 시간을 도둑질 당하고 있는지도 모른다. 보이는 것에 도취되어 보이지 않는 것들을 놓치며 사는 것은 아닌가 생각해보게 된다.

## 낙심시키는 죄

그 후배에게서 오는 전화는 반갑지가 않다. 그녀는 너무 많은 이야기를 한다. 종교, 사회, 문화, 교육, 정치…, 두루 한 바퀴를 돈다. 듣는 사람이 끊지 않으면 그칠 줄 모르는 그녀의 이야기를 한마디로 정리해 말한다면 '모두 잘못되었다'는 것이다.

전화를 끊으며 떠오르는 인물이 있었다. 보어전쟁(Boer War, 1899-1902년 영국과 트란스발공화국이 벌인 전쟁) 중에 특이한 죄명으로 유죄 판결을 받았다는 사람이다. 그의 죄명은 '낙심시키는 자'였다.

그는 군인들 사이를 돌아다니면서 적군이 얼마나 강한지, 그에 반해 아군은 얼마나 약하고 보잘것없는지, 아군의 전략에 문제가 있으며 군인들도 문제가 있다고 말했다. 그러면서 모두 잘못되어 있기 때문에 결국은 망하게 될 것이라고 계속 말하고 다녔다. 그런데 그것이 총보다 더 큰 위력을 발휘해 아군들을 무기력하게 만들고 말았다.

성경 속에도 이런 이야기가 나온다. 느헤미야가 성벽을 중수할 때, 적들이 이 작전을 썼다. '느헤미야가 건축하는 성벽은 여우가 올라가도 곧 무너질 것'이라는 등의 말로 이스라엘 백성들을 낙담시키려 했던 것이다(느 4:1-3 참조). 예나 지금이나 낙심케 하는 자들은 늘 있어왔던 것 같다.

민수기에 나오는 가나안 정탐꾼들의 예를 보자. 열 명의 정탐꾼 중 여호수아와 갈렙을 제외한 여덟 명은 백성을 낙담케 함으로 백성으로 울부짖게 했다. 부정 대 긍정이 8 대 2의 비율로 부정이 더 강한 영향력을 미쳤다.

현대 심리학자들도 이것을 인정한다. 우리는 낙담시키는 말들이 난무하는 시대를 살고 있다. 사람들은 입만 열었다 하면 '모두 잘못되었다'고 성토하듯 말한다. 크리스천 역시 마찬가지다. 몸 된 교회를 거침없이 깎아내린다. 무수한 부정의 말들 속에는 어둠의 세력이 있다. 그 암울한 세력이 사람들을 짓눌러 의욕을 잃게 하고 무기력하게 만든다.

루즈벨트의 낙관주의는 유명하다. 그가 대통령으로 재임할 당시 기자가 물었다.

"마음이 낙담되거나 초조할 때 어떻게 극복하십니까?"

"휘파람을 붑니다."

"그렇지만 대통령께서 휘파람을 부는 것을 들었다는 사람은 없는데요."

"당연하죠. 아직 휘파람을 불어본 적이 없었으니까요."

낙심시키는 자가 되어 자신이나 이웃의 영혼에 쇠고랑을 채우는 일은 멈추어야 할 것 같다.

## 그녀의 공간

가족 중에 다친 사람이 있어서 병원 병실을 자주 드나들게 되었다. 어느 날 손님들이 와서 잠시 떠들썩거렸다. 그때 갑자기 병실 창가에 누워 있던 한 환자가 소리를 빽 질렀다.

"좀 조용히 해요. 듣기 싫어 죽겠다."

순간 병실이 조용해졌다. 그 환자는 평소 제일 많이 떠들고 수선을 떨던 환자였다. 병명이 무엇인지 별 아픈 기색도 없이 핸드폰으로 이 사람 저 사람에게 전화를 해서 "나 입원했어. 병문안 와" 하고 사람들을 불러들이거나 병실 TV 리모컨을 자기 마음대로 조정하던 사람이었다. 나중에 알고 보니 '머리가 아파서' 들어온 환자라고 했다.

며칠이 지난 후 환자들이 '병실 공기가 나빠서 빨리 퇴원해 집으로 돌아가고 싶다'는 이야기를 하고 있었는데, 잠잠히 듣고 있던 그녀가 불쑥 "나는 전혀 집으로 돌아가고 싶지 않아요. 이곳

에 있으니 너무 편해요. 여기서 죽을 때까지 틀어 박혀 있고 싶어
요"라고 했다. 집에만 있으면 머리가 너무 아프다는 것이었다.
뜻밖이었다. 사연을 알 수는 없었지만 그녀의 얼굴 주름살이 서
글퍼 보였다.

문득 2014년 1월 '인구보건복지협회'가 발표한 통계 결과가
떠올랐다. 결혼한 1천여 명에게 '지난 1년을 버틴 힘이 무엇인
가?'라고 질문했더니 20대의 경우는 '배우자 때문'이라는 비율이
41.3퍼센트로 가장 높았고, 30대와 40대는 '자녀 때문'이 1위였
다. 그런데 50대와 60대는 '나의 인내심'이 41.9퍼센트, 37.5퍼센
트로 1위를 차지했다. 50대가 넘어서면 자신의 인내심으로 살아
간다는 것이다.

'로또 1등에 당첨되었다면 어떻게 하겠느냐?'는 질문에 대해서
5,60대의 가장 많은 대답은 '나 혼자만 알고 사라질 기회를 엿보
겠다'는 것이었다.

병실에서 집으로 절대 돌아가기 싫다는 그녀는 50대 후반이거
나 60대 초반으로 보였다. 그녀는 그동안 인내심으로 버티고 살
다가 겨우 탈출구로 택한 곳이 병실이었나보다. 혼자 떠들고, 혼
자 화내고. 그러면서 그녀는 그녀 혼자만의 공간을 확보했던 것
같다.

　인내심으로 살아가기에는 너무 버티기 힘든 삶이 있는 듯하다. 쭈그리고 모로 누워 있는 그녀가 바다에 떠 있는 외딴 섬 같아 보였다.

# 명절이 괴로운 세대

"명절이 되면 먼저 시집간 여동생이 조카를 데리고 옵니다. 부모님들이 너무 기뻐하시는 것이 민망스러워 슬그머니 집에서 나왔지만 갈 곳이 없습니다."

한 청년이 내게 보내온 문자다. 그는 서른이 넘도록 취직을 못했다. 장가도 가지 못했다.

그러고 보니 명절이 괴로울 사람들이 줄줄이 떠오른다. 취직을 못해 부분 탈모가 온 젊은이도 떠오르고, 대학 입시에 계속 떨어지고 있는 수험생도 떠오르고, 결혼 이야기만 나오면 신경질을 내는 처녀도 떠오른다.

그들은 친척들이 모이는 명절이 괴롭다. 죄지은 사람처럼 친척들이 모이는 자리를 피한다. 그들은 친척들이 제발 염려하지도 말고 묻지도 말아주었으면 한다. 때로는 모른 척해주는 것이 배려다.

가족 관계는 복잡하여 노력을 필요로 하는 관계다. 가족을 향한 모든 인간의 공통적인 바람은 '있는 그대로 나를 받아들여달라'는 것이다. 내가 좋은 직장에 취직했다거나 좋은 학교에 들어가야만, 내가 좋은 배우자를 만났을 때에만 나를 인정해주는 것이 아니라, 현재 있는 모습 그대로 수용해달라는 것이다. 부모조차 자식을 부끄러워한다면 자식은 설 자리를 잃어 정서적 불안에 싸이게 된다.

　가족 관계에서 또 하나 지켜져야 할 것은 '경계선'이다. 가족 관계가 지나치게 밀착되어 서로의 공간을 무시해서는 안 된다. 사람에게는 자신만의 공간이 필요하다. 물리적인 공간뿐만 아니라 정신적 여유와 자유의 공간도 필요한 것이다. 아무리 부모라 할지라도 경계를 침범하는 일을 해서는 안 된다.

　요즘 2,30대 젊은이들을 '3포 세대'라고 부른다. 경제적, 사회적 억압으로 스스로를 돌볼 여유가 없는 젊은이들이 '연애, 결혼, 출산'의 세 가지를 포기하며 산다는 것이다. 그만큼 그들은 피곤하고 치열한 삶을 살고 있다. 부모나 친척의 기대치에 못 미친다고 해서 그들이 생각 없이 사는 것이 아니다. 그들 나름의 고뇌와 갈등을 겪고 있는 것이다.

　"명절이 되면 친척들 앞에서 우리 부모를 주눅 들게 하는 제가 불효자인 것 같습니다."

그 청년의 문자에 마음이 아프다. 그는 죄책감까지 등에 짊어
지고 있었다.

우리 주변에도 명절을 괴로워하는 젊은이들이 있다는 것을 생
각해보아야 할 것이다.

## 작은 꿈을 잡을 때

그 분이 작은 엽서 한 장으로 전 국민에게 전도하겠다고 하셨을 때, 나는 엽서 한 장의 위력을 의심했다. 그러나 장로님은 밥 먹을 때도 세수할 때도 '전도, 전도' 하시다가 받은 꿈이니, 반드시 그리될 것을 믿는다고 하셨다. 작은 엽서 한 장에 그 분은 꿈을 실으셨다. 전도지를 만드는 일에 동참해 밤을 새우면서도 나는 전국의 각 교회마다 《이슬비 전도 편지》가 전도의 부흥을 일으키리라고는 짐작하지 못했었다.

몇 년 후 여든의 장로님은 또 꿈을 말씀하셨다. '성경암송학교'를 하시겠다는 거였다. 이 나라 아이들을 하나님의 자녀로 육성시킬 수 있는 것은 성경을 암송시키는 일밖에 없다는 것이었다.

'그게 될까?'

나는 또 별 관심을 갖지 않았었다.

그런데 얼마 전 성경암송학교에 다녀왔다. 젊은 엄마들과 아이들이 성경을 열심히 암송하고 있었다. 다섯 살짜리 아이가 성경을 줄줄 암송하고 엄마들이 눈을 반짝이며 대단한 열정으로 나를 놀라게 했다.

아기를 잉태한 후 성경암송으로 태교를 하며 출산한 엄마들이 천 명이 넘는다고 했다. 장로님은 성경암송태교로 태어난 아이들이 자라나 주의 일꾼이 될 꿈을 꾸시면서 너무 행복해하셨다.

많은 사람들이 꿈을 꾼다. 아주 큰 꿈을 꾼다. 그런데 내 주위에 꿈을 이룬 사람들은 우리가 관심도 갖지 않는, 어찌 보면 하찮은 꿈을, 아니면 굴러다니는 돌멩이같이 평범하고 아무것도 아닌 것 같은 꿈을 가슴에 품은 사람들이다.

아주 볼품없는 작은 꿈을 크게 만드는 비결을 장로님은 '순종'이라고 하셨다. 별로인 꿈을 주셔도 거기에 순종하는 것이 비결이란 것이다. 너무 똑똑한 사람은 따지는 게 많아서 안 된단다. 그저 하나님 앞에서는 바보처럼 순종하는 거라고 하셨다.

그리고 보면 너무 똑똑한 체하고 저울질하다가 하나님께서 주신 꿈을 놓치는 일이 많은 것 같다. 작은 꿈이라 여기는 그것에 하나님께서 기름을 부으신다면 놀랍도록 크게 이루시니, 그 행복을 맛볼 수 있지 않을까 생각해본다.

'나는 왜 꿈이 없지?'

이렇게 생각하는 사람들이 있다. 그런데 꿈은 너무 평범한 옷을 입고 우리 곁에 서 있다. 얼른 잡자. 기회는 앞머리만 있다고 했으니, 얼핏 보이더라도 얼른 잡자.

## 보이지 않는 열매

가을은 열매가 있는 풍경의 계절이다. 한 번쯤은 내 인생의 열매를 생각해보게 되는 계절이기도 하다. 인생의 뒤안길에서 열매 없는 나의 삶에 회의를 느낄 수도 있다.

40년간 호주 시드니 조지 가에서 전도를 하던 노인은 단 한 번도 "당신을 통해 예수님을 만나게 되었습니다"라는 소리를 들은 적이 없었다. 그는 '열매 없는 열심이었노라'고 한탄했다.

그러나 뜻밖에도 영국에 있는 한 목사가 세계 곳곳에서 수만 명의 사람들이 시드니 조지 가의 노인을 통해 복음을 받아들이게 되었다는 간증을 듣게 되었다.

얼마전에 본 가슴 뭉클한 실화 동영상의 내용이다. 그 동영상을 보는데 까맣게 잊고 있던 일이 내 기억 속에 떠올랐다.

교직에 있으면서 방학을 맞아 고향에 쉬러 갔을 때였다. 겨울 바람이 세찼던 어느 새벽에 성령께서 나를 깨우시고는 어느 교회를 찾아가라고 하셨다. 그 교회가 어디에 있는지 알지도 못했고, 그 추운 겨울 새벽에 나설 용기도 나지 않았지만 남동생을 깨웠다. 곤히 자고 있던 동생이 웬일인지 벌떡 일어나 같이 가겠다고 했고, 그 교회를 알고 있다고 했다. 거친 바람을 뚫고 동생과 나는 상가 2층에 자리 잡고 있는 작은 교회의 좁디좁은 계단을 기어오르다시피 올라갔다.

새벽기도를 할 시간인데 교회는 불이 꺼져 있었다. 계단에 쪼그리고 앉아 기다렸지만 인기척이 없어 문을 두드렸더니 목사님이 나와 문을 열어주셨다.

내 이야기를 들은 목사님은 울음을 터뜨리셨다. 아무리 전도를 해도 사람은 오지 않고, 날마다 혼자 예배를 드리다가 폭풍이 치던 그날은 열매가 없다는 좌절감에 강대상 앞에서 지쳐 잠들어 있었다는 것이다.

인생의 열매를 누가 가늠할 수 있겠는가? 무언가 눈에 보이는 것을 성취하였다고 해서 풍족한 열매를 맺었다고 자랑할 수 없고, 아무것도 이루어놓은 것이 없는 삶이라고 회한에만 빠져 있을 수도 없는 것이 인생이다.

조지 가에서 전도하던 노인이나 새벽에 울던 목사님이나 주님이 그 분들의 모든 것을 보고 계시며 알고 계셨다는 것 자체로 이미 열매 있는 삶이 아니었을까 하는 생각이 든다.

진정한 내 인생의 열매를 볼 수 있을 때는 주님을 만날 그 날일 것이다.

무심한 세대

2014년, 어느 때보다 참담한 고난주간을 보내야 했다. 여객선 침몰 사건으로 나뿐 아니라 국민 모두 마음이 무겁고 우울한 시간을 보냈을 것이다. 차가운 바닷물 속에서 두려움과 고통에 떨었을 어린 생명들을 생각하면 마음이 아파서 아무 일도 손에 잡히지 않았다. 도대체 이게 무슨 일인지, 왜 죽어야 하는지도 모른 채 죽어야 했던 아이들과 "내 아이를 돌려달라"고 절규하는 부모들의 마음이 아프게 느껴졌다.

밤잠을 설치고 새벽기도에 간 날, 성경 속에서 빌라도가 예수님을 재판하고 있었다. 예수님은 아무 말씀도 하지 않으셨고, 군중들은 소리쳤다.

"십자가에 못 박으소서. 못 박으소서."

예수님은 끝까지 침묵하셨다.

새벽기도를 마치고 나오는데 "하나님이 살아 계시는가?"라고 소리치며 예수님을 십자가에 못 박는 사람들의 아우성이 들렸다.
발걸음이 무거웠다. 갑자기 마음의 소리가 들려왔다.

'그렇게 마음이 아프냐? 생명줄을 던져라.'

문득 찬송가 한 구절이 떠올랐다.


물 위에 생명줄 던지어라

누가 저 형제를 구원하랴

우리의 가까운 형제이니

이 생명줄 그 누가 던지려나

생명줄 던져 생명줄 던져

물속에 빠져간다

생명줄 던져 생명줄 던져

지금 곧 건지어라

_ 새찬송가 500장


　　모두가 어린 생명들이 물속에 빠져 죽어가는 것을 목도하며
가슴 아파하고 있었다. 그러나 얼마나 많은 영혼들이 수장되어
가고 있는지에 대해서는 무감각하다. 우리가 보지 못하는 가운
데 수많은 영혼들이 물속에 빠져 살려달라고 소리치고 있다. 어

린 청소년들이 세상의 물결에 휩쓸려 그 영혼이 죽어가고 있다. 그런데도 우리는 너무 무관심하다.

예수님이 왜 십자가에 못 박혀 돌아가셔야만 했는지에 대해서도 관심이 없다. 그분은 구원이시다. 그러나 우리는 구명보트를 내리지 않고 도망쳐버린 선원들에게 분노하면서도 자기 자신에게는 분노할 줄 모르는 크리스천이다. 우리는 영혼의 구명보트를 내려야 한다.

시드니 거리에서 단 두 마디로 사십 년간 전도했던 프랭크 제너(Frank A. Jenner)의 말이 왠지 입에서 빙빙 돌았다.

"Excuse me sir, Are you saved? If you died tonight, are you going to heaven?(선생님, 구원 받으셨습니까? 당신이 오늘 밤 죽는다면, 천국에 갈 수 있습니까?)"

차가운 물속에서 죽어간 아이들의 영혼이 우리에게 무엇을 말하고 있는지 생각하게 된다. 크리스천이라면서도 크리스천으로 살지 못하는 내 죄 때문인 것 같다.

"얘들아, 미안하다!"

## 아줌마의 목소리

　마음이 편안하지 않을 때 나는 아줌마에게 전화를 한다. 아줌마는 나의 외가 쪽 친척이다. 아줌마는 언제나 내 이름을 부르며 이야기를 시작한다. 특유의 잔잔하고 따뜻한 음성이다. 어려서부터 들어왔던 아줌마의 굴곡 없는 목소리는 이상하게 마음을 편안하게 한다. 나는 한 번도 아줌마의 음성이 높아지거나 낮게 깔리는 것을 들은 적이 없다. 언제나 어떤 상황에서나 아줌마의 목소리는 고저(高低)가 없이 편안하다.

　나는 늘 한결같은 아줌마의 음성을 들으면서 신기하다는 생각을 하곤 한다. 사람의 목소리란 감정의 기복에 따라 달라지는 것인데, 기쁠 때나 슬플 때나 화가 날 때나 언제나 같은 소리를 내는 아줌마의 웃음소리와 목소리는 어디서 나오는 것일까?

　아줌마는 편안한 삶을 사신 분이 아니다. 곱게 자라 어린 나이에 시집가서 온갖 고생을 다 하신 분이다. 공무원이었던 남편은 사람은 좋았지만 집보다 사람과 술을 더 좋아해서 월급도 제대로 가져다주지 않았다. 일찍 홀로 되신 시아버지는 그 당시에 외국 유학을 다녀오셨고 인물도 빼어난 분으로, 백구두를 신고 외출을 하면 여자들이 줄을 섰다고 했다. 시아버지가 밖에서 낳아온 시동생을 아줌마는 자신의 큰 아들과 함께 젖을 물려 키웠다. 아줌마는 자신의 아들 삼형제와 딸 둘, 그리고 시동생과 시누이 셋을 키워서 결혼시켰다. '내 이야기를 책으로 쓰면 몇 권은 나올 것'이라며 아줌마는 웃곤 했다.

아줌마가 노년에 가장 친하게 지낸 분은 한 살 차이 나는, 시아버지가 노년에 정착한 젊은 시어머니였다. 두 분은 만날 때마다 험난했던 옛이야기를 재미있다는 듯이 웃으면서 하곤 했다. 늦게 주님을 영접하신 두 분은 권사로 사는 것을 행복해하셨다. 기도하고, 교회에서 김장하고, 장 담그고, 전도하며 사시게 된 것이 너무 감사하다고 했다. 나는 아줌마가 누구를 탓하거나 불평하는 것을 들은 적이 없다. 언제나 한결같은 잔잔한 웃음소리와 목소리는 나이가 들어도 여전하시다.

마음이 산란할 때 나는 아줌마에게 전화를 한다. 아줌마의 목소리는 자장가처럼 내 마음의 풍랑을 다독인다.

## 고통이 없는 그곳에서

세월호 참사가 있었던 즈음, 우리 교회 장로님이 기도 중에 우셨다. 교직에 계셨던 그 분이 너무 마음이 아파서 우셨다. 성도들도 따라 울었다. 거리의 모든 사람들이 우울했다. 청소년들도 조용했다. 세상이 침울했다. 우리는 분노할 힘도 잃고 무기력감에 빠져 있었다.

항상 세상에서 소외당하고 있다고 생각하던 어떤 청년이 페이스북에 '언제부터 그렇게 아픈 이웃에 관심이 있었느냐? 우는 사람들이 가소롭게 여겨진다'는 어이없는 글을 올렸는데도 그 청년의 말에 반박할 수도 없을 만큼 슬픔을 당한 유족들과 마음의 고리가 아프게 연결되어 있음을 느꼈다. 그러나 우리는 다시 일어서야 한다. 소망의 끈을 붙잡아야 한다.

언젠가 외국에서 있었던 실화가 생각난다. 어느 가족이 저녁이면 가정예배를 드렸다. 어느 날 아버지가 아이들과 천국에 대하여 이야기를 나누었다.

"천국에 가면 어떨까?"

아버지가 세 자녀를 바라보며 물었다.

형과 누나는 나름대로 천국에 대해 설명했다.

가만히 듣고 있던 막내가 아버지에게 자신 있게 대답

했다.

"천국에 가면 사람들이 많이 있을 거예요. 그래서 천사가 이름을 부를 거예요. 나는 키가 작으니까 천사가 내 이름을 부르면 '저요!' 하고 크게 대답할 거예요."

막내는 발뒤꿈치를 들고 팔을 번쩍 들어 보이며 환하게 웃었다. 가족들은 막내의 천진한 행동에 웃음으로 박수를 보냈다.

그런데 얼마 후 이 가정에 상상할 수 없이 슬픈 일이 찾아왔다. 그토록 사랑스러웠던 막내가 교통사고로 죽음의 기로에 서게 된 것이다. 가족들은 죽어가는 막내를 절망적인 슬픔으로 지켜보고 있었다. 그때 막내가 마지막 말을 남겼다.

"저요!"

가족에게 소망을 주는 말이었다.

이제 우리는 우리 곁을 떠난 그 아이들이 저 천국에서 "저요" 하고 소리치는 모습을 소망으로 보아야 한다.

선생님이 이름을 부르면 "저요"라고 대답하던 아이들의 목소리를 이 땅에서는 더 이상 들을 수가 없다. 그러나 저 천국에서, 고통이 없는 그곳에서 아이들이 햇빛보다 더 밝은 웃음으로 "저요!"라고 대답할 것이다.

# 척박한 땅과 가지치기

우리의 환경이 척박하기 그지없을 때가 있다. 가지가 잘려 나가듯 내가 의지했던 것들이 잘려 나갈 때가 있다. 사람들이 나를 버릴 때도 있고, 물질이 나를 떠날 때도 있고, 건강까지 쇠약해질 때가 있다.

나와 나의 가정이라는 정원을 아름답고 행복하게 가꾸는 것이 대부분의 사람들이 갖는 소망일 것이다. 그러나 우리의 정원에는 가뭄이 들 때도 있고, 홍수로 뿌리가 흔들릴 때도 있고, 태풍에 모든 것이 뒤엎어진 것같이 느껴질 때도 있다.

넝쿨장미로 정원을 아름답게 꾸미고 싶은 사람이 있었다. 그 사람은 노란 꽃을 풍성히 피우는 넝쿨장미 종자를 정원에 심고 꽃이 피기를 기다렸다. 그런데 몇 년이 지나도 꽃 한 송이 피지 않았다. 참다못한 그는 장미를 팔았던 원예사를 찾아 갔다.

"물도 주고 흙을 기름지게 만들어주고 그동안 온갖 정성을 기울였더니 무성히 자라기는 자랐는데 꽃이 피지 않으니 어찌된 일이오?"

그 말에 원예사는 빙그레 웃으며 대답했다.

"그런 종류의 장미들은 정원에서 가장 기름지지 않은 곳에 심어야 합니다. 비료를 줘서는 안 되고 모래와 자갈이 섞인 흙을 넣어주어야 합니다. 그리고 불필요한 가지는 사정없이 잘라버리세요. 그러면 꽃이 필 것입니다."

내 인생도, 나의 가정도 모두가 내 뜻대로 되지는 않는다. 내가 열심을 다한다고 해서 모든 것이 성공적인 결과를 맺는 것은 아니다. 내 뜻대로 안 될 때 나를 만들어가시는 창조주의 손길을 느낄 수 있어야 한다. 가장 기름지지 않은 환경 속에 있을 수도 있고, 기름진 것은 제해지고 모래와 자갈같이 불편하고 힘든 곳에 처할 수도 있고, 생명줄같이 여겼던 소유나 명예, 건강, 가족과 같은 것들이 가지치기 될 때도 있을 것이다.

그러나 그 모든 시간에도 창조주의 계획하심이 나의 계획과 다르고, 그분의 길이 최선임을 믿을 수밖에 없음은, 그분이 나를 꽃 피우실 최선의 방법을 알고 계시기 때문이다.

이는 내 생각이 너희의 생각과 다르며 내 길은 너희의 길과 다름

이니라 여호와의 말씀이니라 이는 하늘이 땅보다 높음같이 내 길
은 너희의 길보다 높으며 내 생각은 너희의 생각보다 높음이니라

사 55:8,9

어려운 환경에 처하게 되고 의지할 것이 다 사라질 때 '내 인생
의 꽃이 피기 위함이다'라는 믿음으로 소망을 노래하자.

Part 3

# 사랑에도
## 연습이 필요하단다

## 삶이 주는 지혜

지금이야 쌀을 키질하거나 일지 않아도 되지만, 옛날 우리 어머니들은 밥을 짓기 전에 키질을 하여 쌀에 섞인 돌을 골라내야 했다. 키질을 반복하면 신기하게도 티끌은 날아가고 쌀과 돌이 가려졌다. 그래서 어머니들은 시집 갈 딸에게 키질하는 법을 가르쳤다. 이런 이야기가 있다.

하루는 키질하는 어머니에게 딸이 물었다.

"어머니는 어떻게 이렇게 할 수 있어요? 나는 아무리 해도 그렇게 안 되는데….''

딸의 물음에 어머니가 대답했다.

"이건 배워서 하는 게 아니란다. 살아가면서 저절로 알아지는 거지. 이 돌뿐인 줄 아니? 살아가면서 골라낼 것이 천지란다.''

우리가 살면서 터득해가야 할 것들이 이미 배운 것보다 더 많을지도 모른다. 그것이 밥 속의 돌처럼 달갑지 않더라도 우리는 인내를 가지고 배워야 한다. 그리 살아가면서 돌처럼 골라내야 할 것들을 골라내는 지혜도 배울 수 있을 것이다. 때로 키질에 서툰 딸처럼 돌보다 쌀을 더 많이 버리는 시행착오를 거친다 해도 우리는 삶의 지혜를 배울 수 있을 것이다. 돌보다 쌀이 많다는 것, 한두 개의 돌 때문에 키를 뒤집어버릴 수는 없다는 것도 배울 수 있을 것이다.

우리의 마음속에도 쌀 속의 돌처럼 골라내야 할 것들이 많을 것이다. 하나님은 우리 속에서 쓸모없고 해가 되는 돌들을 골라내시기 위해 때로 우리를 키질하신다. 쭉정이는 날려 보내시고 알곡은 남기기 위해 키질하시는 것이다. 그분은 우리 마음의 모난 것들을 어머니의 마음으로 골라내주실 것이다. 누군가에게 따뜻하고 맛있는 밥상을 차려주기 위해 내 삶이 키질 당한다면 그 또한 유익할 수도 있는 게 아닐까?

삶으로 배우는 지혜는 어머니의 밥상처럼 누군가에게 따뜻한 격려와 위로가 되고 길을 밝히는 등불이 되기도 한다.

# 미장원 아들네 강아지

길어진 머리카락을 자르려고 늘 가는 미용실에 들렀더니, 주말이라서 손님이 많아 두 시간이 넘게 기다려야 한다고 했다. 기다리는 시간이 너무 긴 것 같아 그냥 나오는데 맞은편에 있는 허름한 미용실이 눈에 띄었다. 나온 김에 자를 생각으로 그 미용실로 들어갔다.

꽤나 오래되어 보이는 낡은 미용실이었는데, 여기저기 강아지 사진이 붙어 있었다. 중년이 넘어 보이는 미용사가 가리키는 의자에 앉으며 "강아지 미용실인 줄 알았다"는 내 말에 그녀는 개를 잃어버려서 찾는 광고를 붙여놓았다고 했다.

그러고는 잃어버린 아들의 강아지 이야기를 쏟아놓았다. 강아지와 함께 사는 아들이 그 강아지를 데리고 자기 집에 왔다가 그만 잃어버렸는데, 강아지를 찾느라 난리가 났었다고 한다.

아들의 강아지는 그야말로 호강을 하던 강아지라고 했다. 전용 옷장이 따로 있었고, 전용 향수장까지 있었다고 한다. 먹이도 최고가의 것으로 먹였고 별 치장을 다해주었는데, 강아지를 잃어 버리자 아들은 그 강아지를 잊기 위해 외국 여행까지 다녀왔다고 한다. 게다가 강아지를 잘 지키지 못했다며 어머니인 자신을 안 보려 한다는 것이었다.

강아지가 아들을 따라 나간 것으로 알고 있었던 어머니는 억 울했지만 "강아지 때문에 나한테 이러느냐?"는 말 한 마디도 하 지 못했단다. 그녀는 강아지보다도 뒤처져 있는 자신의 서열을 알았고, 강아지도 자기 서열이 1위인 것을 알고는 사람 노릇을 했다고 했다. 그녀는 "세상에 요즘 어느 부모가 강아지 같은 대 접이나 받을 수 있겠어요?"라고 말했다.

누구의 무엇으로 살아가는 것은 다 힘이 든다. 그러나 가장 힘이 드는 것은 부모로 살아가는 것 같다. 나름대로 목숨도 아 깝지 않을 정도로 사랑을 주지만 돌아오는 것은 무시와 거부인 경우가 많다. 우리는 부모가 상처 받는 시대를 살고 있다. 예전 에는 못 먹이고 못 입히고 못 가르쳐도 큰소리쳤는데, 요즘은 잘 먹이고 잘 입히고 많이 가르쳐도 강아지보다 못한 취급을 받는 것이 부모라니 씁쓸하다.

사회의 가장 기본 단위는 가정이다. 부모 자식 간의 질서가 무너졌으니 사회라고 온전하겠는가. 에베소서에 땅에서 잘되고 장수하는 비결이 나와 있다. 바로 부모 공경이다.

자녀들아 주 안에서 너희 부모에게 순종하라 이것이 옳으니라 네 아버지와 어머니를 공경하라 이것은 약속이 있는 첫 계명이니 이로써 네가 잘되고 땅에서 장수하리라 엡 6:1-3

똑똑한 요즘 자식들이 새겨들어야 할 말씀이다.
미용사는 얼굴이 벌개져서 높으신 강아지 이야기를 계속했다. 그느라 내 앞머리카락을 뭉텅 잘라버렸다.
강아지 꼬리 자르듯이.

## 예쁜 짓 보기

부부가 함께 세월을 보내면서, 예쁜 짓뿐 아니라 미운 짓까지
다 보고 살다보면 모든 게 곱게만 보일 리는 없지만, 유독 "뒤꼭
지까지도 미워 죽겠다", "하는 짓마다 미운 짓만 골라 한다", "아
예 포기했다"라고 말하는 부부들이 있다. 그들에게 들려주고픈
이야기가 있다.

날마다 짜증을 내며 다투던 어느 부부가 있었다. 어느 날 아
내가 제안을 했다. 상대가 미운 짓을 할 때마다 그 내용을 적어
상자에 넣자는 것이었다. 아내는 자신의 상자에 남편의 단점을
적은 쪽지를 넣었고, 남편 역시 그렇게 했다. 한 달이 지난 후 부
부는 서로의 상자에서 쪽지를 꺼내 읽어보았다.

아내는 남편이 못마땅할 때마다 적었던 내용을 줄줄 읽어내
려 갔다. 양말을 함부로 내팽개쳐 놓은 일에서부터 전화도 없이
밤 1시에 들어온 일까지, 아내가 접은 쪽지를 펼 때마다 남편의

잘못이 줄을 이어 나왔다. 아내는 '내가 당신 때문에 이렇게 속이 상했다'는 것을 알겠느냐는 표정을 지었다.

이번에는 남편이 아내가 못마땅할 때마다 적어놓은 쪽지를 펼 차례였다. 아내는 남편이 자신에 대해 무엇을 썼는지 다소 긴장 된 표정으로 남편을 바라보았다.

남편은 처음 쪽지를 읽었다.

"그럼에도 불구하고, 나는 당신을 사랑합니다."

두 번째 쪽지를 읽었다.

"그럼에도 불구하고, 나는 당신을 사랑합니다."

세 번째, 네 번째… 모든 쪽지에 똑같이 "그럼에도 불구하고, 나는 당신을 사랑합니다"라고 적혀 있었다.

가장 가까이 있기 때문에 서로의 못마땅한 점들을 속속들이 아는 것이 부부일 게다. 그러나 '그럼에도 불구하고' 사랑해야 하 는 관계가 또한 부부인 것이다.

'상대가 미운 짓만 한다'는 생각을 '예쁜 짓만 한다'라고 바꾸 어보면 상대를 보는 초점이 달라질 것이다.

인간은 누구나 자신이 보고 싶은 것만 본다는 실험 결과가 나 와 있다. 실험자가 "흰 옷을 입은 사람과 검은 옷을 입은 사람 중 에서 흰 옷을 입은 사람들이 공을 몇 번 패스 하는가를 말해보라"는 주제를 주면 50퍼센트의 사람들은 그것에 집중하느라 그 사이에 지나간 고릴라나 뒷면에 쳐놓은 커튼 색깔이 변하는 것 등은 전혀 눈치 채지 못한다는 것이다. 이처럼 자신이 보고자 하는 것에 초점을 맞추고 그것에 집중하다보면 주변의 변화를 전혀 눈치 채지 못한다.

그러니 서로 미운 점만 보려 하지 말고, 예쁜 짓만 보기로 작정한다면 앞이나 뒤가 모두 예뻐 보일지도 모른다.

미움은 다툼을 일으켜도 사랑은 모든 허물을 가리느니라 잠 10:12

# 면역 주사

　그 무섭다는 중딩과 고딩이 함께 우리 집을 방문했다. 나는 내심 긴장했다. 아이들에게 좋은 교훈 한 마디 해줄 것을 부모들이 부탁했기 때문이다. 조금 익숙해지자 아이들은 슬슬 자신들의 학교 이야기를 풀어놓기 시작했다.

　학교에 상담교사가 있어도 아이들이 안 간다고 했다. 이유는 '상담일지'에라도 적혔다가는 대학 진학에 오점으로 남을 수 있기 때문이란다. 그래서 학교에서 내놓은 방안이, 학생이 친구나 하급생을 상담해주는 제도인데, 그것 역시 별 효과가 없다고 했다. 어쩌다 상담해오는 학생이 있어도 학교에서는 교육청 같은 데 보고하지 않고 없는 일로 덮어버리기에 급급하다고 했다. 아이들은 이미 어른들의 불합리성까지 눈치를 챈 것 같았다.

　이야기가 무르익어가자 고딩이 불쑥 한 마디 했다.

　"우리는요, 약간 미친 척해야 정말 미치지 않아요."

진학에 관한 스트레스 등 너무 힘든 상황을 벗어나는 방편으로 이것저것 약간 미친 척을 해야 숨통이 좀 트인다는 것이다. 그들은 스스로 면역 주사 맞는 법을 터득했다.

제정신이 아닌 것 같아 보이는 것이 정상인 것이 청소년기이다. 자신의 정체성을 찾아가는 시기, 자아중심성이 강한 청소년기를 보내고 있는 그들은 어른들이 보기에 약간 정상이 아닌 것 같은 시기를 거치고 있는 것이다. 청소년기의 아이들은 자신이 특별하고 독특한 존재라고 믿는다. 자신이 경험하는 우정, 사랑 등은 결코 남이 이해할 수 없는 것이고, 과격한 행동을 해도 자신은 죽지도 않는다는 '개인적 우화'를 갖고 아슬아슬한 짓을 한다. 그리고 모든 사람의 시선이 자신에게만 집중되어 있다는 착각을 하는 '상상적 청중'을 몰고 다닌다. 그래서 멋을 내고, 자신의 작은 실수나 어른들의 작은 비난도 상상적 청중 앞에서 자신의 위상을 떨어뜨리는 것이기에 참지 못하게 된다.

내 아이가 생각 없이 행동하는 것 같고 제정신이 아닌 것 같아 보일 때 '아, 내 아이가 지금 스스로 면역 주사를 맞고 있구나'라고 생각하면 어떨까? 나는 그날 무섭기보다는 제 살 길을 스스로 찾아가는 현명한 중딩과 고딩에게 아무 교훈도 해주지 않고 열심히 들어주었다.

## 어머니와 아들

그 어머니는 너무 억울하다고 했다.

"내가 저를 어떻게 키웠는데 나에게 이렇게 할 수가 있어요?"

어머니는 상담자에게 아들을 이해할 수도 용서할 수도 없다고 했다. 남편에게는 세 군데 학원에 보낸다고 하고 남편 몰래 두 곳을 더 보내느라고 뼛골 빠지게 일했는데, 어떻게 자신에게 이럴 수가 있느냐며 분해서 못 견디겠다고 했다.

아들 역시 어머니를 이해할 수가 없다고 했다. 아들은 말했다.

"어려서부터 뭐든지 어머니의 뜻대로 살았지, 내 마음대로 해 본 적이 한 번도 없어요."

어머니 뜻대로 가정교사를 바꾸고, 학원도 어머니의 마음대로 정했다고 했다. 아들이 가장 상처 받았던 것은 성적을 올리지 못 한다는 이유로 형제가 없는 자신이 형처럼 따르고 좋아했던 가 정교사를 내쫓았을 때였다고 했다.

반면 그 어머니는 요즘 어머니들의 필수라는 '정보력'을 얻느라 이리저리 뛰어다니며 고생했고, 좋다는 학원에 자식을 보내느라고 수고한 자신의 노력을 여지없이 무너뜨린 아들을 도저히 용서할 수 없었다.

아들은 "내가 왜 어머니의 뜻대로 살아야 하느냐?" 하며 어머니가 싫어하는 일만 골라서 하고 싶어 했다. 자신의 인생을 자신의 뜻대로 살지 못하게 한 어머니에게 복수하고 싶다고도 했다. 아들은 어머니가 그토록 원하는 학원에 가는 척하고는 전자오락실에서 시간을 보냈다.

그러다 결정적으로 어머니에게 복수를 한다고 한 것이 수능시험 날 "시험 잘 치고 오라"고 등을 두드리는 어머니에게 손을 흔들어 보이고는 수능시험장으로 들어가는 척하다가 뒷문으로 나와버린 사건이었다.

어머니는 어머니대로, 아들은 아들대로 분노에 가득 차 있다. 어머니는 '아들을 사랑해서 한 일'이라고 했고, 아들은 '어머니는 나를 조금도 사랑하지 않는다'고 했다.

자녀 양육 방식에 익애적(溺愛的) 부모형이 있다. 그 어머니의 자녀 양육 유형은 익애적이었다. 어머니는 자녀의 삶을 대신하며 그것이 사랑이라고 생각했다. 그러나 아들은 어머니가 자신의 생각이나 행동에 족쇄를 채우고는 자신을 조종한다고 받아들였다. 아들은 자신의 성장 가능성과 영역을 침범하는 어머니에게 복수하고 싶을 뿐이었다.

이들의 이야기를 들으며, 이것이 경쟁의 시대를 살아야 하는 어머니와 아들의 현재 모습 중 하나이기도 한 것 같아 마음이 씁쓸했다.

# 동굴과 수영장

그 남자가 또 동굴로 들어갔다고 한다. 소자본으로 사업을 하는 그 남자는 힘이 들 때마다 누구와도 말하려 하지 않고 자기만의 동굴로 들어가버렸다.

아내는 그런 남편을 도저히 이해할 수 없었다. 여자는 말로 문제를 풀려 하지만 남자는 자기만의 동굴 속에서 힘겨운 고비를 넘기려 한다는 걸 그녀가 알기까지는 많은 시간이 걸렸다.

동굴 속에 들어간 남자는 절망의 늪에서 빠져나오려 안간힘을 쓰느라 몸과 마음이 더욱 지쳐 갔다.

안타까운 주변 사람들의 기도 덕분인지, 예전에는 긴 시간을 동굴 속에서 머물던 남자가 이번에는 일찍 동굴에서 나오더니 수영장으로 갔다. 그리고 수영을 하기 시작했다.

그가 생각을 바꾼 것이다.

'지금 이 상황에서 내가 할 수 있는 일은 아무것도 없다. 내가 동굴 속에 오래 있을수록 내 몸까지 상하게 된다. 내일을 위해 몸 관리라도 잘 해두어야겠다. 그것이 지금 할 수 있는 최선의 일이다.'

어려움 속에서도 합리적인 생각을 하게 된 그 남자는 자기 몸까지 절망의 줄에 묶어 놓지 않기로 작정하고 아주 열심히 운동을 했다. 나는 그 남자가 수영을 하면서 또 많은 것을 깨달았으리라 생각해본다.

인생의 어느 시점에서는 물속에서 버둥거릴수록 더 물에 빠져드는 것처럼 안간힘을 쓸수록 문제 속에 빠져든다는 것을, 머리를 물속에 깊이 담가야만 몸이 떠오르는 것처럼 복잡하여 터져버릴 것 같은 생각으로 꽉 차 있는 머리를 은혜의 물속에 담가야 한다는 것을, 인생을 살면서 힘을 빼야 할 때가 반드시 있다는 것을, 그리고 그 과정들을 통해 하나님을 의지할 수 있는 믿음이 단단히 심령에 새겨질 것이라는 것을….

여호와여 주의 이름을 아는 자는 주를 의지하오리니 이는 주를 찾는 자들을 버리지 아니하심이니이다 시 9:10

너무 많은 남자들이 좌절의 동굴에서 힘들어하고 있다. 그 좌절의 크기를 우리는 이해할 수 없다. 그러나 그들이 동굴에 앉아 있을 때 자신을 위해 기도하고 있는 사람이 있다는 것을 느낄 수 있도록 사랑할 수는 있다.

# 불만족한 삶

　다섯 살짜리 아이가 놀랍게도 많은 지식을 갖고 있었다. 영어든 수학이든 척척 문제를 풀어갔다. 적어도 초등학교 2,3학년 수준의 지식을 갖고 있었다. 그런데 이 아이는 가만히 앉아 있지를 못했다. 안절부절 못하고 헤집으며 돌아다녔다.

　부모는 상담실로 아이를 데리고 갔다. 주의력 결핍은 아니라는 진단에 아이의 어머니는 다행이라고 했다. 그러나 아이는 여전히 불안해했다. 상담자는 곧 아이의 문제점을 발견할 수 있었다. 주변 사람들이 아이를 칭찬할 때마다 아이는 불안한 눈빛으로 "아니에요. 난 못하는 아이라고요"라고 자신의 능력을 부인했던 것이다.

　그 아이의 어머니는 끝없이 아이에게 더 잘할 것을 요구해왔다. 어머니의 기대치가 너무 높아 아이는 늘 헐떡거리며 높이 올라가야 했다. 그래서 아이는 자신을 무엇이든 못하는 부족한 아이로 알고 있었다. 아이는 무엇이든 끝없이 잘해내야 했기에 평안을 잃고 안절부절못했다. 아이에게는 오르고 올라도 못 오르는 산이 어머니의 욕망의 산이었다.

어머니는 아들을 완벽주의자를 만들고 있었다. 어머니의 뜻대로 아이가 성공한다 해도 아이는 늘 부족한 자신을 채찍질하며 평안을 누리지 못하고 살 것이다. 평생 '잘해야만 하는 것들'에 대한 강박관념에 시달리며 살게 될 것이기 때문이다.

남들보다 많은 것을 성취한 사람이라도 더 잘하라는 부모의 환상에 매여 안식을 누리지 못하고 사는 경우가 많다. 그러나 창조주 하나님께서는 우리에게 더 잘하라고 하지 않으신다. 있는 그대로의 나를 용납하신다.

무서울 정도로 똑똑한 아이들이 정말 많다. 그에 정비례해서 정신적인 문제를 가진 아이들도 많다. 어른 중에도 '나는 부족해, 부족해' 하는 자라지 못한 어른아이들이 있다. 평생 자신이 부족하다고 생각하는 사람이 있다면 자신을 격려할 필요가 있다.

'너는 잘하고 있는 거야. 예전에도, 지금도, 그리고 앞으로도…'

내가 나를 꾸짖어가며 산 세월에 마침표를 찍어야 남은 세월에는 나를 창조하신 하나님께 감사할 수 있지 않겠는가!

## 한 친구의 이야기

마음을 따뜻하게 하는 글을 읽었다. 글의 내용은 이러했다.

추운 겨울날 두 친구가 찻집에서 만나기로 약속을 했다. 한 친구는 일찍 와서 자리를 잡고 있었고, 다른 친구는 일 때문에 늦게야 찻집에 도착했다. 그가 급히 찻집에 들어서려는데, 꽃을 파는 할머니가 다가와 세파에 찌든 얼굴로 그의 소매를 붙잡았다.

"꽃 좀 사줘요. 부모도 없는 우리 손녀가 아픈데, 약을 살 돈이 없다우. 꽃 좀 사줘요."

할머니의 딱한 사정을 들은 그는 꽃값보다 많은 돈을 할머니에게 주고 꽃을 산 후 서둘러 친구에게 갔다. 먼저 와 있던 친구가 꽃을 든 친구를 보고는 물었다.

"너, 그 꽃, 이 찻집 앞에서 꽃 파는 할머니에게 샀지?"

"어떻게 알았어?"

"그 할머니 사기꾼이야. 그 할머니는 언제나 손녀딸이 아프다면서 꽃을 팔거든. 그런데 사실은 그 할머니, 손녀딸 없어."

꽃을 사온 친구는 기다리던 친구의 말을 듣고 기뻐했다.

"그게 정말이야? 손녀가 없단 말이지? 그러면 그 할머니 손녀딸, 안 아픈 거네? 정말 다행이다! 우리 축하하자!"

그 글을 읽으면서 '이런 일을 당한다면 어떻게 반응할까?' 하는 생각을 해보았다. 할머니가 사기꾼이라는 것을 알게 되면 화를 내거나, 그 할머니를 욕하거나, 자신의 동정심을 탓하거나, 믿을 수 없는 세상을 탓하며 불쾌해할지 모른다.

그런데 할머니에게 꽃을 샀던 친구는 추운 날 꽃을 파는 할머니에게 아픈 손녀가 없다는 사실을 다행으로 여겼고, 그것에 기뻐했다. 누군가에게 속았다는 것보다 누군가에게 아픔이 있느냐 없느냐에 초점을 둔 것이다.

우리는 어려운 처지의 사람을 보면 왠지 내가 누리는 삶이 미안해진다. 아픔이 있는 이웃의 곁에서 나만 행복할 권리가 없다고 느낄 때가 있다. 이야기 속의 청년은 자신이 속았다는 것보다 이웃에 대해 가졌던 부채감에서 자유롭게 되었다는 데 더 기쁨을 느낀 게 아닌가 생각해본다. 그 청년은 세상이 어떠한 모양일지라도 늘 따뜻한 세상 속에서 살아갈 수 있을 것이다.

# 월급봉투의 추억

'스치고 지나가는 바람이어라.'

얼핏 서정적인 노래의 가사처럼 들리지만, 실은 아주 현실적인 표현이다. 지금을 사는 월급쟁이들이 월급을 표현하는 말이기도 하기 때문이다. 다음 월급날이 오기도 전에 카드결제, 공과금결제, 은행 빚으로 다 빠져나가버린다. 머묾 없이 지나가버리는 바람이 되는 것이다. 일에 대한 대가가 만져보기도 전에 스쳐가버리는 허무함, 돈 버는 기계처럼 정서적 만족을 더욱 삭감시키는 사이버머니 시대를 사는 월급쟁이들은 일에 대한 자긍심이나 만족감도 없이 월요병을 앓게 된다.

며칠 전 어느 방송 프로에 국민가수인 이미자 원로가수가 출연한 적이 있었다. 그 분의 이야기 중에 '월급봉투'에 대한 이야기가 있었다. 사이버머니 시대 이전에 남편이 한 달에 한 번 가져다주는 월급봉투가 어찌나 귀하고 소중했던지, 남편이 정년퇴직할 때까지의 월급봉투를 모두 간직하고 있다는 것이었다.

월급봉투는 돈이나 의무 이상의 가치가 있었다. 누런 월급봉투였지만, 거기에는 사랑하는 사람이 한 달간 흘렸을 땀과 인내와 노력과 가족에 대한 사랑이 담겨 있었다. 남편이 가져다주는 월급봉투에 감사하는 아내의 사랑이 차마 빈 봉투를 버리지 못하고 소중히 간직하게 했던 것이다.

그 이야기를 들으면서 지인인 선배 부부의 월급봉투에 얽힌 또다른 사연이 오랜 기억 속에 떠올랐다. 선배는 남편의 월급봉투를 달마다 설레는 마음으로 기다렸다고 한다. 그 기다림이 다른 아내와 달랐던 것은 남편이 월급봉투에 아내에게 주는 글을 적어놓았기 때문이다.

"오늘도 월급을 탔습니다. 이 돈을 쪼개 당신은 또 한 달간 어려운 살림을 꾸려 나가겠지요. 늘 감사하게 생각하고 있습니다."

사랑과 감사가 담긴 남편의 친근한 글이 써진 월급봉투를 매달 받아들고 그 선배 역시 너무 감사하고 행복했다고 한다.

월급봉투는 추억이 되었다. 그러나 남편의 월급봉투가 너무 소중해 감사로 간직하는 아내와 월급봉투를 아내에게 건네며 한 달간 잘 살아줘서 고맙다는 남편의 감사의 마음은, 방법이 다르더라도 다시금 우리들 가정에 사랑의 꽃으로 피었으면 좋겠다.

아버지의 눈물

귀촌하여 농사를 짓는 어느 수필가의 글에서 본 내용이다.

"무를 뽑아 싣고 서울에 오니… 그간 거둬들인 것들이 현관과 베란다, 세탁실 등 빈 공간마다 꽉 차 있다. 거둬들인 것을 연실 먹은 식구들이 몸무게가 늘었다. 얼굴도 통통해지고 배도 꽉 찼다. 아파트 상가 폐업세일 코너에서 바지를 고른다. 두 치수를 줄여 입는데도 바지가 헐렁하다. 처자식 몸무게는 느는데 아비는 여위어가는구나. 자신의 몸을 새끼 먹이로 주는 담낭거미처럼, 자신의 몸을 쪼아 나오는 피로 굶어가는 새끼를 살린다는 펠리컨처럼, 아비는 그간 살 떼어 식구들 먹인 것인가…."

이 글이 마음에 와 닿은 것은 우리 교회 K 집사의 지쳐 보이는 어깨가 자꾸 신경이 쓰였기 때문이다. K 집사는 성실하게 노력하는 사람이다. 직장에서 중책을 맡은 그는 요즘 감사로 인한 책임감에 눌려 스트레스가 이만저만이 아니다. 집에 오면 아이들은 아이들대로 불만이 있고, 직장에 다니는 아내는 아내대로 지쳐 그를 이해할 여유가 없다. 그는 숨이 막힐 것 같다.

이른 아침부터 밤늦게까지 가족을 위해 뼛골 빠지게 일하지만 늘 상대적 빈곤을 느끼는 식구들을 만족시키지 못하고 지쳐간다. 직장에서의 피로는 더욱 그를 무기력하게 만들고, 가정에서의 권위는 땅에 떨어져 있다. 남편이자 아이들의 아버지인 그가 직장에서 피곤하고 힘든 하루를 보내고 집으로 돌아오면 제 방에서 컴퓨터 게임을 하는 아이들, 신통치 않은 얼굴로 부엌으로 들어가버리는 아내. 이 시대의 아버지인 그는 외롭다. 그는 상황에 매몰되어 있다.

귀촌하여 농사를 짓는 아버지나 도시에서 서류에 묻혀 사는 아버지나, 아버지들의 허리띠 치수가 줄고 있다는 것을 눈치 챌 사람은 없다.

내가 아버지의 눈물을 본 것은 십대 초반이었다. 매년 내 생일이면 금반지를 사주시던 아버지가 그해 사업 실패로 반지를 사주지 못하셨던 날, 나는 처음으로 아버지의 눈물을 보았다. 그리고 아버지도 눈물을 흘릴 수 있는 사람이라는 것을 알았다.

우리의 아버지들이 가슴으로 눈물을 흘리고 있다는 것을 가족들은 알아야 하지 않을까?

## 비밀 지키기

지인에게 카톡이 왔다. 내용은 두 친구가 나눈 대화에 관한 것이었다. 한 친구가 어느 날부터인가 아주 다정한 미소와 함께 자기 부인을 "달링", "허니"라고 부르는 것이었다. 이에 또 다른 친구가 넌지시 물었다.

"자네 많이 변했네. 언제부터 집사람에게 '달링'이니 '허니'니 한 거야? 닭살이 다 돋네."

"자네, 내 말 절대 비밀로 할 텐가?"

"알았어. 무슨 일이 있었던 거야?"

"사실은 마누라 이름을 잊어버렸어."

웃어넘기기에는 쓸쓸한 이야기지만 달링이나 허니로 대화를 시작하면 일단 서로에게 치명적인 상처를 입히는 비난, 경멸, 방어, 도피는 피할 수 있을 것 같다. "허니, 도대체 왜 그 모양 그 꼴이야?"라고 하거나 "달링, 무식하기는, 도대체 아는 게 뭐야?" 하지는 않을 것 같으니 말이다.

학자들이 많은 부부를 관찰한 결과 서로 대화를 시작하는 처음 3분간이 중요하다고 한다.

"왜?"

"또 왜?"

"도대체 그게 왜 문젠데?"

이렇게 시작하는 비난이나 상대방이 싫어하는 행동 골라하기, 상대방이 말하고 있을 때 엉뚱한 곳 바라보기, '흥' 하고 조소하기, 상대방의 단점을 흉내 내거나 농담으로 받아치기, 아무 데서나 이름 불러대기 등으로 3분 안에 경멸감을 드러내 보이는 일, "나 때문이 아니라 너 때문이야. 그때 네가 그렇게 하지만 않았어도 내 인생이 이 꼴이 되지는 않았을 텐데…"라고 상대에게 난폭한 말을 하며 자신을 방어하거나 상대의 말을 들은 척만 하고 무감각하게 행동하며 도피의 돌담을 쌓는 일 등은 부부 사이의 위험 요소라는 것이다.

그런데 "허니"나 "달링"이라는 첫 말은 이런 위험 요소들을 무색하게 할 수도 있을 것 같다. 설령 아내의 이름을 잊어버렸다 하더라도 달

콤한 "달링"과 "허니"로 시작되는 3분의 말이 있다면 최소한 서로 보따리를 싸는 일은 없을 것 같다. 단, 이 비밀이 철저히 지켜져야 하겠지만 말이다.

카톡 속 주인공의 큰 잘못은 그 일을 친구에게 이야기했다는 것이다. 비밀을 들은 친구는 "이건 비밀인데…"라며 자신의 아내에게 말할 것이고, 그 아내는 결코 비밀을 지키지 못할 것이기 때문이다.

## 아이들의 생각 읽기

그 아이의 부모는 아이가 생각이 없이 산다고 했다. 생각 없이 제멋대로 산다고 말이다. 연예인이 되겠다고 하질 않나, 밤새도록 놀지를 않나, 그러더니 갑자기 두문불출하고는 그림만 그려 댄다고 했다. 몇 달 동안 남의 그림을 보고 그대로 베껴 그리더니, 어느 날 갑자기 공부를 해야 되겠다고 했다. 그리고 요즘은 머리카락이 빠지도록 공부만 한다고 했다. 왜 갑자기 공부할 생각을 했느냐고 했더니 자기 인생에 대해 생각을 많이 한 결과라고 했단다. 부모는 생각 없이 산다고 했지만 자신은 너무 많은 생각을 하며 살았다고 하더란다.

부모의 뜻대로 살아주지 못하는 자식을 보며 부모는 '생각 없이 산다'고 한다. 그런데 사실 부모의 생각대로 살아주지 못하는 것이지 자신의 생각이 없는 것은 아니다. 자신이 살아내야 하는 인생의 몫에 대해 나름대로 머리 아프게 생각하고 또 생각하며 살고 있는 것이다.

지인의 이야기를 들으며 내 조카가 다섯 살 때 입을 쑥 내밀고 하던 말이 생각났다.

"어른들 생각만 있고 내 생각은 없는 거야?"

맹랑한 꼬마였던 조카는 자기도 생각이 있다는 것을 누누이 어른들에게 주입시키곤 했었다.

어른들은 자신의 생각을 강요하려고만 하지 아이들의 생각을 읽으려고 하지는 않는다. 자식의 생각을 읽으려면 부모는 자신의 신을 벗어버려야 한다. 내 신을 자식의 발에 맞추려 해서는 안 되는 것이다. 아이들은 어른들이 자신이 가지고 있는 생각을 찾아내주기를 원한다. 자신 안에 있는 아름다움을 찾아내주기를 원한다.

〈나의 아름다움을 바라봐주세요〉(See Me Beautiful)이란 간절한 바람을 담은 노래가 있다.

나의 아름다움을 바라봐주세요
내 안에 가장 멋진 것들을 찾아내주세요
그것이 진정한 나의 모습이에요
그리고 내가 바라는 것이지요

시간이 조금 걸리더라도
찾아내기 힘들다 해도
내 안의 아름다움을 바라봐주세요

나의 아름다움을 바라봐주세요
매일매일
그렇게 해줄 수 있나요?
길을 찾아줄 수 있나요?
내가 하는 모든 것들 안에서
내가 빛나 보일 수 있도록
그렇게 나의 아름다움을 바라봐줄 수 있나요?

아이들의 생각 읽기는 아이 안에 있는 아름다움을 찾아내겠다
는 의지에서, 그리고 오래 참아내겠다는 마음에서 생겨난다. 힘
겹더라도 그렇게 할 때 내 아이가 빛나 보일 수 있을 것이다.

## 그랬겠구나

　지인 부부가 카톡으로 사진을 보내 왔다. 활짝 핀 철쭉꽃 앞에서 부부가 팔짱을 끼고 환히 웃고 있는 사진이었다. 부부가 산책을 하다가 찍은 사진이라고 했다. 보기 좋았다. 삐걱거리던 부부 사이가 꼭 낀 팔짱처럼 잘 맞물려 돌아가는 것 같았다.

　젊은 시절 남편은 술이 과했었다. 술을 마시면 아내에게 폭언을 하곤 했고 아내는 잘 참아왔다. 그런데 50대에 들어서 아내가 갱년기를 겪으며 변하기 시작했다. 자다가도 울화통이 터진다며 벌떡 일어나 소리를 지르지 않나, 얼굴이 벌개져서는 부채질을 해대며 가시처럼 날카로워지지 않나….

　그런 아내에게 남편은 "여보, 그동안 나에게 하고 싶었던 말을 다 하시오. 내가 다 들어줄 테니 마음껏 욕을 하시오"라고 했다. 아내는 그동안 참고 있었던 말들을 폭발하듯 쏟아냈고, 남편은 "그랬겠구나, 그랬겠구나" 하면서 들어주었다. 한 달쯤 지나자

아내는 "여보, 이제 됐어요. 더 이상 나보고 욕하라고 하지 마세요"라며 부드러운 얼굴로 남편을 바라보았다고 한다.

그 후 부부는 저녁이면 산책을 했는데, 그날도 산책을 하다가 사진을 찍어 내게 보냈던 것이다.

그 남편은 심리학 공부를 한 것도 아니면서 부부 대화법을 신통하게 잘 활용했다. '부부 대화법' 중에는 '반영하기, 인정하기, 공감하기'라는 게 있다. 자신의 생각과 감정을 잠시 내려놓고 그저 반영해주고 인정해주고 공감해주며 말하는 사람의 입장이 되어보는 것이다. 지인의 남편처럼 "당신 기분이 그랬겠구나, 그랬겠구나" 해주는 것이다.

부부 상담가인 가트맨(John Gottman)은 부부가 대화하는 것을 들으면 그 부부가 이혼할 것인지 아닌지를 94퍼센트 정도 알 수 있다고 했다. 그는 만일 이혼을 하고 싶다면 이렇게 말하라고 한다. "당신은, 왜, 만날, 항상, 언제나, 결코"를 서두로 비난하기, "내가 뭘 잘못했다고", "그러는 너는 뭘 잘했는데"라고 방어하며 역공격하기, "너는 나보다 잘난 게 뭐 있는데" 하고 상대를 경멸하기, 그리고 상대와 담을 쌓고 투명인간 취급하기 같은 것이다. 요즘 들어 황혼 이혼이 급증하고 있다. 그런 면에서 지인 부부는 늦게 철이 났지만 현명했다.

## 사랑 표현

가정의 달을 맞아 어느 회사에서 벌인 '가족사랑 캠페인'의 동영상을 본 적이 있다.

갑자기 전화해서 부모님께 "사랑해~"라고 말해보는 거였다.

"아~ 민망해."

"아, 낯간지러워."

이렇게 쑥스러워하면서 전화를 건 자녀들은 긴장된 얼굴로 부모의 반응을 기다렸다.

자녀에게 사랑한다는 말을 들은 아버지들의 반응은 이랬다.

"어디 아파?"

"못 먹을 거 먹었어?"

"아빠한테 혼날 거 생겼니?"

"아빠가 오래 살아야 되겠네."

"왜 뜬금없이 '사랑해' 하는데?"

이에 비해 어머니들의 반응은 빠르고 직설적이었다.

"나도 사랑해~."

"어, 돈 보낼게."

"낮술하셨어요~?"

"왜? 돈 필요해?"

"뭐 나쁜 짓 하고 그런 거 아니지!"

"너, 우리 아들 맞어?"

"너 그런 말도 다 할 줄 아니?"

"아이구, 우리 아들 웬일이여?"

부모들은 갑작스러운 자녀의 사랑 표현에 당황하고 있었다. 그 반응에 대한 자녀들의 얼굴 표정은 '이게 아닌데' 하는 실망의 기색이 많았고, '다시는 사랑한다고 말하나봐라' 하는 것 같은 표정도 있었다. 먹먹한 마음에 눈물을 흘리는 자녀들도 있었다.

사랑 표현도 자꾸 해보지 않으면 서툴고 어색해 불협화음을 만든다. 사랑은 표현되지 않으면 의미가 없다. 사랑이 표현되면 아름다운 꽃을 피우지만, 표현되지 않으면 사랑의 표현이 있어야 할 그 자리에 가시가 돋는다.

우리는 가족을 가장 사랑한다고 하지만 사랑을 표현하지 않기 때문에 가족에게 상처를 준다. 가족은 감성적인 관계이므로 더욱 사랑의 표현이 필요하다. 가정불화의 원인 중 하나가 '가족이니까 표현하지 않아도 사랑한다는 것을 알 것이다'라는 그릇된 기대 때문이다.

가정의 행복은 "사랑해"라는 말, 그 한 마디에서부터 시작되는 것인지도 모른다.

# 행복이 무엇인가?

TV를 틀자마자 화면에 한 농부가 나타났다. 그에게 질문이 주어졌다.

"행복이 무엇이라고 생각하세요?"

나는 그가 무어라고 대답할지 궁금해 채널을 고정시켰다.

"평안한 일상이 행복이지요. 아침에 자리에서 눈을 떠서 아이들이 일어나는 소리를 듣고, 같이 아침밥을 먹고, 아이들이 떠들며 노는 소리를 듣고, 저녁이면 아이들이 머리를 맞대고 자는 것을 볼 수 있는 것이 행복이지요."

그의 평범한 행복론이 시골 공기처럼 신선하게 다가와 정신이 들게 했다. 만일 나에게 "행복이 무엇이냐?"고 물었다면 그렇게 친근하게 행복을 이야기할 수는 없었을 것 같다.

나는 어린 시절, 칼 붓세(Karl Busse)의 〈저 산 너머〉(Über den Bergen)를 외우며 자랐다.

산 너머 저쪽 하늘 멀리

행복이 있다고 말들 하건만

아, 남 따라 행복을 찾아갔다가

눈물만 머금고 돌아왔다네

산 너머 저쪽 하늘 저 멀리

행복이 있다고 말들 하건만


그리고 모리스 메테를링크(Maurice Maeterlinck)가 쓴 동화인
〈파랑새〉 속의 주인공 치르치르와 미치르처럼 행복의 파랑새를
찾아 헤매기도 했다.

우리 의식 속에 스며든 행복은 아주 먼 곳에 있는지도 모른다.
'행복은 우리가 가지고 있지 않다'는 생각에서부터 우리는 행복
을 좇게 되는 것이다.

시인이나 동화 속 주인공이 행복을 좇다가 결국은 자신의 삶
의 자리로 돌아와 현실 속의 내 집에서 행복의 파랑새를 찾은 것
처럼, 그 농부는 행복이 평범한 일상 속에 있음을 깨닫고 어느 철
학자보다 소박하게 행복에 대한 정의를 내렸던 것이다.

농부의 말처럼 가족이 한자리에서 깨어날 수 있고, 함께 떠들
수 있고, 함께 식사할 수 있다는 것, 그리고 머리를 맞대고 잠을

잘 수 있다는 것이 행복 아닐까? 가족 중 한 사람이 병들어 한 식탁에 앉을 수 없다면, 불화하거나 불의의 사고를 당해 함께 떠들고 뒹굴 수가 없다면, 누구 하나가 가출을 하여 머리를 맞대고 잘 수가 없다면 어떠하겠는가?

일상이 깨어졌을 때 우리가 누렸던, 때로는 짜증스럽기도 하고 탈출하고도 싶고 지루하게 느껴지던 그 일상이 얼마나 소중한 것이었는지 느끼게 될 것이다.

사람이 먹고 마시며 수고하는 것보다 그의 마음을 더 기쁘게 하는 것은 없나니 내가 이것도 본즉 하나님의 손에서 나오는 것이로다

전 2:24

# Part 4

# 우리
## 함께 걸어가자

# 유츄프라카치아

　지금은 극단 '비유'(BeYou)로 이름을 바꾼 예전의 극단 '우물가'의 젊은 단원들에게 성경공부를 가르친 적이 있었다. 그들은 가난하여 아르바이트를 하면서 성극으로 헌신하는 젊은이들이다. 순수한 영혼으로 하나님 앞에 자신을 드리는 귀한 젊은이들이다. 극단 비유의 대표작은 〈유츄프라카치아〉라는 작품이다. 매년 대학로의 한 소극장 무대에 올려지는 〈유츄프라카치아〉는 어려서 전쟁 중에 부모를 잃고 늘 함께했던 어린 동생마저 잃게 되자 정신병에 걸린 미치광이 애니의 이야기이다.

　'유츄프라카치아'는 그 이야기 속에 나오는 식물의 이름이다. 이 식물은 결벽증이 강해 누군가 한 번 건드리기만 해도 시들어 죽어버린다고 한다. 누구의 접근도 허용하지 않는 반항적인 식물이라는 것이다. 그런데 어느 식물학자가 이 식물을 연구하다가 처음 만져준 사람이 내일도 모레도 계속해서 만져주면 죽지 않는다는 것을 알게 되었다고 한다. 한없이 반항적이고 누구도 접근하지 못하게 했던 그 식물은 사실 계속적인 사랑에 목말라 했던 고독한 식물이었던 것이다.

극한 아픔을 당한 사람은 누구의 접근도 허용하려 들지 않는다. '내 슬픔을 알아줄 사람은 아무도 없다'고 생각하며 마음을 걸어 잠근다. 사람들은 이런 사람들을 일시적으로 어루만져준다. 그러나 상처 받은 사람의 날카로운 반응에 지쳐서 곧 떠나버린다.

한 지인이 '사랑은 상처 받기로 작정하는 것'이라고 했을 때, 나는 그 말의 깊이를 몰랐다. 그런데 그 말이 맞는 것 같다. 내 사랑에 차가운 반응을 보인다고 해서 그가 나의 사랑을 거부하는 것은 아니다. 그는 단지 자신의 슬픔으로 시야가 좁아져 그 사랑이 보이지 않을 뿐이다. 그러나 상처는 지속적인 사랑으로 치유를 받는다.

〈유츄프라카치아〉의 주인공인 미치광이 애니는 늙은 간호사를 만나지만 그 간호사를 할퀴고 소리 지르며 거부한다. 그래도 자식을 잃은 아픔을 가진 간호사는 끝까지 애니에게 사랑을 준다. 이 애니가 바로 삼중고로 반항적이었던 헬렌 켈러를 지속적인 사랑으로 가르친 앤 설리번(Anne Sullivan) 선생이다.

극단 비유의 젊은이들은 묻는다.

"당신은 누구의 유츄프라카치아입니까?"

"누가 당신의 유츄프라카치아입니까?"

수많은 유츄프라카치아들이 지속적인 사랑에 목말라하고 있다. 그들에게 지속적인 사랑의 손길을 내밀 자, 누구인가?

# 외로움 극복하기

　우리는 나를 알아주는 사람이 아무도 없고 마치 우주 속에 혼자 내팽개쳐진 것 같은 외로움을 느낄 때가 있다. 또는 여럿 속에서도 문득 느껴지는 원초적인 외로움을 느끼곤 한다. 사람들은 끈질기게 따라붙는 외로움을 떨쳐 버리려고 쾌락을 추구하거나 자살을 택하기도 한다.

　혹 뼛속을 파고드는 찬바람처럼 외로움이 파고든다면, 혹시 스스로 단절의 담을 쌓아올렸던 것은 아닌지 생각해보아야 할 것이다.

　사람과의 관계에서 실패한 경험이 있을 때, 아니면 자기 자신에게 너무 몰입되어 있을 때 사람들은 자신을 방어하기 위해 담을 쌓아올린다고 한다. 그것이 편하다고 생각하기 때문이다.

　하지만 모두들 '나를 버렸다'고 생각될 때, 먼저 '내가 그들을 버린 것'은 아닌지 생각해볼 일이다. 상대에게 손을 내밀려 해도 거절을 당할까 두려워 아예 담 속에 깊이 숨어 있다면, 스스로 쌓아올린 담을 부수고 나오는 용기가 필요하다.

얼마 전 TV에서 재미있는 모임이 소개된 적이 있다. 홀로 밥을 먹기 싫은 외로운 사람들이 음식 재료를 한 가지씩 가져와 함께 음식을 만들어 먹는 모임이었다.

그 모임 결과 다른 사람과 함께하기 어려워했던 사람들이 점차 함께 모이는 즐거움을 느끼고 다른 사람과 만나는 용기를 얻게 되었다고 했다. '홀로'라는 외로움을 '함께'로 바꾼 사람들의 이야기다.

외로움으로 인해 좀 더 우울한 사람에게는 오스트리아의 심리학자인 알프레드 아들러(Alfred Adler)의 처방이 효과적이다. 외로움에 대한 아들러의 처방은 '2주 동안 다른 일은 전혀 생각지 말고, 매일 어떻게 하면 다른 사람을 기쁘게 해줄 수 있는가?'를 연구해서 실천에 옮기라는 것이었다. 아들러의 처방을 실제로 실천에 옮긴 사람의 80퍼센트가 그 처방으로 치유가 가능했다고 한다. 남을 위한 봉사가 외로움을 이겨내게 했다는 것이다.

더더욱 외롭다면 그리스도의 외로움을 생

각해보아도 좋을 것 같다. 사랑했던 제자 가룟 유다의 배신의 입맞춤, 닭이 울 때 자신을 부인하는 베드로를 돌아보시던 슬픈 눈빛, 겟세마네에서 죽음을 앞두고 피 땀을 흘리며 기도하실 때 곤히 잠든 제자들을 돌아보시던 예수님의 처절한 외로움.

그 예수님이 '내게로 오라'고 손을 내미실 때, 그 손을 잡는 것이다.

## 이해의 조건

　우리는 많은 관계 속에서 행복을 느끼기도 하고, 불행을 느끼기도 한다. 또 어떤 관계는 때로 우리를 고통스럽게 하기도 한다. 아무리 이해하려고 애써도 이해가 안 되는 사람과의 관계는 우리의 삶을 힘겹게 만든다. 왜 갑자기 화를 내는지, 왜 그렇게 쉽게 토라지는지, 왜 그렇게 마음이 완악한지…. 더구나 이해할 수 없는 그 사람이 다름 아닌 내 남편이나 아내라면 큰 상처를 받게 된다.

　나무가 성장한 기록은 그 나무의 나이테에 나타난다고 한다. 가물었을 때, 숲에 불이 났을 때, 병충해와 질병을 당했을 때 정상적으로 자라지 못한 부분이 나무의 심층부에 박혀 있다는 것이다.

　사람의 경우도 내면에 인생의 나이테가 기록되어 있다. 오래된 아픈 상처도 거기에 남아 있어 그의 정서적인 문제들이 이해 받을 수 없는 행동으로 불쑥불쑥 나타나게 되는 것이다.

누군가의 내면의 나이테를 보려면 그의 말에 귀를 기울여야 한다. 온 마음으로 그를 받아들이며, 그에게 초점을 맞춰 신중하게 그의 말을 들어주고, 그의 아픔과 상처에 공감해야 할 것이다. 내 의지, 내 사고, 내 판단을 버리고, 그가 되어 그의 아픔을 함께 느끼는 것이다. 우리가 누군가를 이해하려 마음을 열면 그의 연약한 부분을 보게 될 것이다.

남을 이해한다는 것은 결코 쉬운 일이 아니다. 그러나 남을 이해하려는 노력은 아름답다. '도무지 이해할 수 없는 사람'이 상대방에겐 그렇게 말하고 있는 '나'일수도 있지 않겠는가? 우리는 서로 이해할 수 없는 사람끼리 만나서 관계를 맺고 사는 것인지도 모른다.

언젠가 두 무용수가 하나가 되어 공연을 하는 동영상을 본 적이 있다. 남자 무용수는 한쪽 다리가 없어 목발을 짚고 있었고, 여자 무용수는 한쪽 팔이 없었다. 한쪽 다리가 없는 남자 무용수와 한쪽 팔이 없는 여자 무용수는 서로가 없는 부분을 자신이 갖고 있는 부분으로 채워가며 하나가 되어 눈물겨운 아름다움을 만들어갔다.

이해란 아픔도 있고, 부족함도 있고, 흠도 있는 사람들끼리 자신과 서로를 인정하고 서로를 받아들이는 것 아닐까?

그러므로 그리스도께서 우리를 받아 하나님께 영광을 돌리심과 같
이 너희도 서로 받으라 롬 15:7

# 우리의 캡틴

우리 교회 성가대장이 암에 걸렸다. 교회가 우울해졌다. 근래에 어려운 일을 겪은 성도들이 많아 마음이 무거웠는데, 성가대장의 소식은 우리를 더욱 우울하게 했다. 그런데 정작 본인은 아무렇지도 않은 얼굴로 교회에 나왔다. 수술 날짜가 내일모레인데 그는 성가대석에 앉아 열심히 찬양을 했다. 우리는 안도의 한숨을 내쉬었다. 한 성가대원이 대장을 위로하려 문자를 보냈다.

"대장님, 우리의 대장님. 힘내세요, 파이팅!"

대장에게 답신이 왔다.

"대장 소리만 들어도 경기하겠네. '대장' 대신 '캡틴'이라고 불러주소."

성가대장의 병명은 '대장암'이었다. 그의 유머에 우리의 마음이 훨씬 가벼워졌다.

인생길에 복병처럼 숨어 있던 고난이 우리를 순식간에 덮칠 때가 있다. 질병이건 파산이건 어떤 모습이건 우리를 당황하게 하고 낙망하게 하는 고난은 유쾌한 것이 아니다. 본인뿐만 아니라 주변까지도 우울하게 한다. 그런데 우리의 캡틴은 한 방에 어둠을 퇴치해버렸다.

> 내가 사망의 음침한 골짜기로 다닐지라도 해를 두려워하지 않을 것은 주께서 나와 함께하심이라 주의 지팡이와 막대기가 나를 안위하시나이다 시 23:4

이 말씀을 믿음의 지팡이와 막대기로 삼아 사망의 두려움을 날려 보냈던 것이다.

죽음 앞에서도 의연할 수 있는 것은 평소 하나님과 동행하던 자가 받는 축복이다. 그는 고난의 때에 더욱 강렬한 하나님의 임재하심을 체험하고 있었다. 나란히 걷는 것이 아니라 이제 업혀 가는 것이다.

나는 캡틴에게 내가 선배라고 자랑을 했다. 암 병력자인 나의 말이 위로가 되었는지 캡틴이 이를 드러내고 웃었다. 우리의 고난이 훈장이 될 수 있는 것은 그것을 이겨냈기 때문이고, 그 체험이 남에게 위로가 되기 때문이다. 힘들어하는 누군가의 어깨를 받쳐줄 힘이 되기 때문이다.

우리는 모두 두 손을 모아 우리의 캡틴이 쾌유하여 더욱 깊은 사랑으로 하나님을 찬양하기를 간절히 기도하고 있다. 아울러 이 세상 병동에서 앓고 있는 수많은 환우들에게 사랑의 기도를 보낸다.

# 따뜻한 겨울

　어느 추운 겨울 날, 다혜 엄마를 만났다. 다혜 엄마는 나의 오래된 학부형이다. 20년이 훌쩍 넘은 지금도 다혜 엄마는 한결같이 나를 섬겨준다. 언제나 이런저런 일로 내가 좋은 날을 맞으면 새벽 꽃 시장에서 꽃을 사다 아름다운 꽃다발을 만들어 들고 찾아온다. 다혜 엄마가 책을 한 권 건네며 말했다.

　"선생님, 이 책은요, 우리 장로님이 교회 집사님과 나눈 카톡 내용인데, 목사님께서 책으로 묶어보라고 하셔서 만들었어요. 한번 읽어보세요."

　다혜 아빠는 장로이다. 그 교회 집사가 혈액암으로 힘겨운 투병 생활을 하고 있는데, 장로인 다혜 아빠가 투병 중인 집사와 카톡을 통해 매일 쪽지편지를 나누었다고 한다. 다혜 아빠는 퇴근 후 새벽까지 병중에 있는 집사에게 위로가 될 만한 자료도 찾고 글도 써서 다음 날 집사에게 카톡을 보냈고, 집사는 카톡을 보고 또 보며 위로를 받았다고 한다.

집으로 돌아와 다혜 엄마에게 받은 책을 읽어보았다. 다혜 아빠가 집사에게 보낸 글들은, 옛적 우리의 어린 시절 난로 위에 올려놓은 도시락처럼 구수하고 따뜻했다. 위로도 격려도 웃음도 있었다.

그가 지난 가을 어느 날 쓴 짧은 글 한 편을 보면 아픈 이를 웃게 하고 싶다는 마음으로 가득하다.

이 세상에서 제일 빨리 왕이 된 사람은? (바로 왕) 엄마들이 제일 좋아하는 성경은? (아가서) 하와는 매일같이 아담의 무엇을 확인했나? (갈비뼈: 다른 여자 만들까봐) 산부인과 의사들이 제일 좋아하는 성경 구절은? (마태복음 1장, '낳고, 낳고'가 있어서)
집사님~♡ 성경은 정말 대단한 책입니다. 과학, 문학, 음악, 미술… 성경에는 없는 것이 없습니다. 웃음으로 시작되는 월요일입니다. 그래서 오늘은 성경에서 유머를 골라보았습니다. 맑고 높은 가을 하늘을 바라보며 맘껏 웃어보세요. 그리고 푸른 하늘을 마음 가득 품어보세요.

다혜 아빠는 투병 중인 집사와 세월을 함께하고 있었다. 봄도,

여름도, 가을도 그렇게 보냈다. 추운 겨울의 편지는 더 길고 더 따뜻하다. 병중에 맞이하는 겨울이 마음까지 춥게 할까 염려하는 듯했다. 따뜻한 겨울은 따뜻한 사람의 온기가 있어서이다. 그중 한 편을 옮겨본다.

지금 그대가 인생의 어두운 터널을 지난다고 느낄 때, 정말 나에게 왜 이런 시련이 다가오는지 이해되지 않을 때, 도대체 이 힘듦이 언제 끝날지 감이 오지 않아 좌절하고 싶을 때, 그럴 때 기억하세요. 터널이 왜 만들어졌는지…. 터널은 목적지를 향해 갈 수 있는 가장 빠른 길입니다. _ 작자 미상

집사님~ '밤이 깊으면 새벽이 가까워 온다'라는 말이 있듯이 터널이 깊으면 끝이 가까워진 것입니다. 끝이 없는 터널은 없습니다. 끝이 없으면 그것은 터널이 아닙니다. 굴입니다. 암흑입니다. 터널에는 반드시 끝이 있습니다.

끝이 있을 뿐 아니라 목적지를 가장 빠르게 갈 수 있는 지름길입니다. 평온한 가운데 있는 사람들보다는 고통 가운데 있는 사람들이 더 빨리 하나님을 만나고 하나님의 음성을 들을 수 있습니다.

하나님을 만난다는 것은 곧 문제 해결을 의미합니다.

집사님은 지금 터널의 입구를 향해 가는 것이 아니라 이미 터널에 들어와 터널의 끝을 향해 가고 있습니다. 빛을 향해 가고 있는 것입니다. 터널을 지나면 어두움이 사라지듯이, 이 터널을 벗어나면 고통과 질병이 자취를 감춰버릴 것입니다.

빛이 보입니다. 끝이 얼마 남지 않았습니다. 소망을 가지고 기도로 달려나가시기 바랍니다.

# 투쟁과 투정 사이

부요하게 살던 한 중년 남자가 운영하던 기업이 망해 재산을 깡그리 잃고 월세 단칸방으로 이사를 가게 되었다. 남자는 다시 일어서려 안간힘을 쓰고 있다. 택배 기사가 되어 어깨를 짓누르는 짐을 지고 달동네를 누비고, 라면으로 끼니를 때운다. 그는 삶을 투쟁하며 산다. 그러나 그의 아내는 "내가 왜 이렇게 살아야 해? 나는 이렇게 살 여자가 아니야'라고 반복해서 말하며 여전히 허영을 부린다. 그녀는 삶을 투정하며 살고 있다.

얼마 전에 방영되었던 주말 드라마의 내용이다. 드라마를 보고 있노라면 인생을 산다는 것이 '삶을 투쟁하며 사는 것'과 '삶을 투정하며 사는 것'이 아닌가 하는 생각을 하게 된다.

드라마 속의 남자는 삶을 투정할 새가 없다. 주어진 삶을 어떻게든 살아내야 하기 때문이다. 그는 가파른 언덕길을 헐떡이며 오르내리고, 처가에 맡긴 자식들이 보고 싶어 처갓집에 갔다가

구박을 받고 돌아서기도 한다. '가족'이라는 짐이 그의 어깨를 더욱 무겁게 짓누른다. 그러나 그의 아내는 싸늘하게 돌아누워 남편의 무능을 탓하고, 남편을 부끄럽게 여기며, 자신의 신세를 한탄한다. 투쟁하며 사는 남자의 남은 한 가닥 힘마저 삶을 투정하며 사는 아내가 빼앗아버린다.

이 이야기가 드라마 속의 이야기만은 아닐 것이다. 한 가정에도 투쟁하며 사는 사람과 투정하며 사는 사람이 공존할 수 있다. 투쟁하며 사는 것도, 투정하며 사는 것도 모두 수고하고 무거운 짐이다. 그러나 우리가 인생의 짐을 내려놓는 그 날까지 사람으로, 그리고 사람답게 살아가야 한다면 서로가 지탱할 힘이 되어주고, 짐을 나누어 져야 하는 것이다.

너희가 짐을 서로 지라 그리하여 그리스도의 법을 성취하라 갈 6:2

힘들게 살고 있는 지인의 아내가 어느 날 남편의 등을 보니 너무 쓸쓸하고 작게 보이더라고 했다. 투정하며 사는 사람이 투쟁하며 사는 사람의 등을 보는 일, 그래서 불쌍히 여기는 마음이 생기는 것. 그것이 투쟁과 투정 사이에 있어야 할 일이다.

# 촌로(村老)와 목사

어느 시골 노인의 이야기를 들었다. 그 노인은 자식들을 다 출가시키고 아내와 그런대로 정을 나누며 살았다. 그런데 아내가 어느 날 훌쩍 세상을 떠나버렸다. 노인은 마루에 상청(喪廳)을 차려놓고는 소주 한 잔 마시고 그 옆에 쪼그리고 누워 울다 잠이 들곤 했다.

어느 날, 마을 언덕 작은 교회의 목사가 불쑥 찾아왔다. 전도하다가 이 부부에게 푸대접을 받던 목사였다. 목사의 등을 마구 밀어내어 내쫓던 건 아내가 더 심했었는데, 웬일인지 아내가 죽기 전 병원에서 사돈의 전도로 예수를 믿었고, 엉겁결에 마을 목사가 장례를 치러주었다.

목사는 밤이면 슬그머니 노인을 찾아왔다. 노인은 모른 척 마루에서 술을 먹었고, 목사는 노인에게 별 말 없이 "식사는 하셨어요?" 하고 물었다. 그리고 노인 곁에 가만히 앉아 있다가 노인이

마루에서 쪼그리고 누워 잠이 들면 방에 들어
가 이불을 꺼내 와서 덮어주고 자신은 마루
옆 골방에 들어가 잠을 잤다. 그리고 새벽
4시면 슬그머니 일어나 새벽기도를 하러 교회로 올라갔다. 목사
는 매일 밤 노인의 집에 와서 한 달 간 잠을 자고 갔다.

노인은 도시에 사는 딸이 찾아왔을 때 제일 먼저 목사의 이야
기를 했다. '예수쟁이' 대신 '그 양반'이라고 했다. 노인의 딸에게
이 이야기를 들으며 나는 '함께하는 것이 무엇인가'를 생각하게
되었다.

함께하려면 공감해야 한다. 보이는 행동보다 보이지 않는 마
음을 공감해야 한다. 노인이 얼마나 힘든지, 얼마나 마음이 아
픈지, 얼마나 허전한지…. 목사는 노인의 편에서 생각하고 행동
했다. 그리고 옆에 있어주었다.

목사는 자신의 편견이나 신앙의 신을 벗어버리고 노인의 신을
신었다. 상대에 대해 공감한다는 것은 먼저 '내가 신은 신을 벗는
것'이라고 한다. 우리는 내 발에 편하면 상대의 발에도 편하게 잘
맞을 것이라는 생각으로 상대를 주장하려 하며, 그것을 사랑이
라고 쉽게 착각한다.

그러나 사랑은 나의 신을 먼저 벗는 일에서 시작된다. 내 주장

이 들어간 사랑의 방식 때문에 우리는 사랑을 주고받으면서도
서로 상처를 받는 것이다.

말은 자들에게 주장하는 자세를 하지 말고 양 무리의 본이 되라

벧전 5:3

# 아파트 이웃들

지금의 아파트로 이사 온 지 3년이 다 되어간다. 우리 아파트는 201동 505호다. 맞은 편 집은 506호다. 그런데 506호 아저씨는 여전히 인사를 제대로 받지 않는다. 인사를 하면 고개도 들지 않고 도망치듯 자기 집으로 들어가버린다. 그의 아내 역시 마찬가지다. 내가 506호에 대해서 확실히 아는 것이라곤 그 아저씨가 대단한 골초라는 것뿐이다. 그는 복도에 나와서 담배를 피우거나 아니면 주차장에서 담배를 피우곤 했다.

친밀해지기 위한 시도를 몇 번 했지만 반응이 없어 우리 식구들은 그들의 독특한 삶의 방식에 관여하지 않기로 했다. 우리 위층은 605호다. 처음 이사를 왔을 때, 하루 종일 뛰어다니는 아이의 발자국 소리를 들어야 했다.

사실, 이사 오기 전에 살던 다른 아파트 위층은 더 대단했었다. 아이 엄마의 고함치는 소리, 두 아들이 맞고함치는 소리, 우

당퉁탕 뛰고 넘어지는 소리를 거의 매일 들어야 했었다. 덕분에 층간소음에 단련된 바 있어 지금 살고 있는 아파트 위층에서 아이가 뛰는 소리 정도는 참고 넘어가곤 했는데, 점점 그 강도가 심해졌다.

입사시험 준비를 하던 조카가 참다못해 605호로 올라갔다 왔다. 잠시 후 605호 아기 엄마가 떡을 가지고 내려왔다. 죄송하다며 사정을 이야기했다. 여섯 살 딸과 시골에서 올라온 여동생의 아들이 뛰어노느라 소음을 냈다는 거였다. 여동생은 암 투병 중이라 서울 병원에서 항암 치료를 받는 기간이면 자신의 집에 머물게 되는데, 요즘이 그 기간이라는 거였다.

그 후 605호에서 아이들이 뛰는 소리가 요란해지면 우리 식구들은 '시골에서 조카가 왔구나'라고 생각한다. 요즘 605호 아기 엄마는 시골 친정에서 무공해로 키웠다는 옥수수를 가져오기도 하고, 그걸 받으며 우리는 동생의 안부를 묻기도 한다.

누구나 이웃을 괴롭힐 목적으로 소음을 내지는 않는다. 본의 아니게 또는 배려심이 부족하여 소음을 낼 수는 있지만 층층이 사는 서로가 조금씩 참아가며 살아야 하는 것 아닐까.

506호 아저씨는 여전하지만 요즘 알게 된 그 집 딸과 아들은 인사도 잘하고 다정하다. 그래서 우리는 그 집 부부가 '부끄러움이 많은가 보다'라고 해석했다. 아파트 이웃은 서로에 대해 좋게 해석해야 할 것 같다.

## 살포시 걸어야 하는 이유

우리는 때로 내 주위의 사람들을 생각하며 아주 조심스럽게 삶의 길을 걸어야 할 때가 있다. 우리 주변에는 뜻밖의 사고를 당하거나 재앙으로 마음 아픈 사람들이 있기 때문이다.

슬픔 중에서도 상실의 아픔이 가장 클 것이다. 사랑하는 가족과 친지를 잃은 슬픔에 잠겨 있는 이웃은 우리를 안타깝게 한다. 그럴 때 선한 의도에서 위로하려고 한 말이 아픈 가슴을 더욱 멍들게 하는 경우가 있다.

하나밖에 없는 아들을 잃은 어머니가 사람 만나기가 두렵다고 하는 이야기를 들은 적이 있었다. 사람들의 위로가 오히려 가슴을 찢어 놓는다는 것이다.

"하나님의 뜻은 아무도 몰라요. 시련마저도 뜻이 있을 거예요."

"세월이 지나가면 잊혀질 거예요."

"더 좋은 일이 있을 거예요."

이런 위로가 듣기 싫다는 거였다. 어떤 하나님의 뜻이라도 자녀를 잃은 부모에게는 무정하게 들린다. 세월이 흐른다고 어떻게 가슴에 묻은 아이를 잊겠는가? 아이를 잃은 부모에게 아이와 나누던 사랑보다 더 좋은 일이 어떻게 있을 수 있겠는가?

"살포시 걸어라. 내 곁에 있는 사람이 십자가를 지고 걷고 있기 때문이다."

어느 시인의 글처럼 힘겨운 십자가를 지고 있는 이웃이 있기에 우리는 조심스레 아픈 이의 인생길에 동참해야 할 때가 있다.

어떤 말보다 귀한 것은 '당신은 혼자가 아니고 내가 당신 곁에 있다'는 것을 알게 해주는 것이다. 어떤 말보다 더 많은 뜻을 전할 수 있는 몸짓으로, 말없이 손을 잡아주거나 안아주고 함께 울어주는 것이 더 큰 위로가 될 수 있다. 그의 아픔을 다 이해할 수 없지만 그가 이해 받고 있다고 느낄 수 있도록 마음으로 그를 품고 안아주어야 할 것이다.

그리고 우리는 그가 슬픔의 수렁에서 속히 벗어날 수 있도록 간절히 기도할 수 있을 뿐이다. 작은 한 장의 카드를 쓰거나 한 송이 꽃을 들고 사랑으로 그에게 다가가야 할 것이다.

설혹 그 사랑이 거절을 당하더라도 그렇게 해야만 한다.

## 종아리 맞는 청춘

새 책이 출간되어 페이스북에 올렸다. 첫 댓글이 반갑게 올라왔다.

"선생님이시죠?"

미안하게도 이름이 기억이 안 나서 "누구세요?" 하고 물었더니 "아주 오래전에 이메일로 신앙상담을 했던 청년"이라는 대답이 돌아왔다. 그제야 그가 누구인지 짐작이 되었다. 언젠가 내 책을 읽고 장문의 메일을 보내왔던 청년이었다.

잘 지내고 있느냐고 물었더니 "겉으로 보면 멀쩡한데, 속은 종아리 많이 맞을 잘못만 저지르고 있습니다"라는 답글이 왔다. 몇 년 전 내게 첫 이메일을 보냈을 때도, 청년은 자신이 종아리 맞을 일만 하고 있다고 말했었다.

그 후로 몇 번 문자가 오갔는데, 하루는 마음을 아프게 하는 글이 페이스북에 올라왔다.

"저, 사실, 거의 인생을 포기했었습니다. 혼자 방에서 술 마시고 스스로를 미워하고 있었는데, 갑자기 선생님의 글이 떠서 소스라치게 놀랐습니다. 수십 년간, 그나마 믿는 건 하나님 뿐이라며 버텨왔는데, 허무할 정도로 내 손에 남은 게 아무것도 없었습니다. 그 와중에 남들에게 그런 거 보이기 싫어서 거짓말도 하게 되고…. 그러니 제가 종아리를 맞아야지요ㅠㅠ."

청년은 오늘도 스스로의 종아리를 때리며 방에 틀어박혀 있다. 오만할 정도로 자기애(自己愛)에 빠질 수 있는 청춘의 때를 자신의 종아리를 치는 일로, 무기력을 채찍질하며 보내고 있다. 자신의 역할을 찾고, 남이 나를 평가하는 기준에 따라 자기존중감이 생기는 시기에 청년은 자신을 미워하고 남의 눈칫밥 먹기 싫어 방으로 숨어들고 있는 것이다.

청춘의 입에서 '포기'라는 말이나 '허무'라는 말이 나오는 것이 가슴 아프다. 이 시대를 사는 청춘들이 얼마나 많이 자신의 종아리를 향해 회초리를 들고 있겠는가?

한 번도 본 적이 없는 청년은 내가 예전에 보내준 메일을 보고 또 본다고 했다. 그리고 "저에게는 가르침을 줄 사람이 필요합니다"라고 했다. 청년은 너무 외로운 것이다. 옛 어른들은 아랫사람이 잘못하면 그의 발과 자신의 발을 묶어 함께 종아리를 맞았다는데…. 마음이 찔린다.

　청년이 오늘 내게 문자를 보내왔다.

　"추운데 감기 조심하세요."

　청년이여! 아픈 청춘이지만 따뜻한 마음 잊지 않고 있으니, 정말 소중한 것들을 포기하지 않고 있으니, 그대 청춘은 아름답다.

## 오래 살아야 해

    산골에 사는 친구에게 전화가 왔다. 발음이 어눌해 무슨 말인지 알아듣기 힘이 들었다. 그녀는 뇌출혈로 쓰러져 투병 중이었고, 그녀의 남편은 암 투병 중이었다. 그녀는 전화로 온 힘을 다해 내게 개똥쑥 복용에 대해 설명하려고 애를 썼고, 그 남편은 그녀와 번갈아가며 그녀의 말을 내게 통역하고 있었다. 개똥쑥이 좋다고 해서 네게 보내니 어찌어찌 하여 먹으라는 것이었다.

    그녀는 고등학교 때부터 친구다. 각별히 친한 사이는 아니었는데, 어찌 들었는지 내가 암으로 투병 중이라는 소식을 듣고서 자연식에 좋다는 것들을 보내왔다. 그 후 매해 백김치, 된장, 나물 등 좋다는 것은 다 챙겨 보내오곤 했다. 그녀는 물건을 보낼 때 물건의 용도를 적어 보냈는데, 자신의 삶처럼 투박한 내용이었다.

    "몸에 좋단다. 그래서 보낸다."

친구의 정성을 값없이 넙적넙적 받아먹기가 미안해 안 보내도 괜찮다고 하면 그녀는 언제나 같은 말 한 마디를 하고 전화를 끊었다.

"너 같은 아이가 오래 살아야 해."

병중인 그녀와 남편이 올해도 몸에 좋다는 개똥쑥을 보내겠으니 먹으라는 전화 끝에 "너 같은 아이가 오래 살아야 해"라고 했다. 그 친구에게 전화가 올 때마다 듣는 말이었지만 올해는 병든 친구의 그 말이 가슴에 들어와 박힌다. 그 친구가 생각하는 나는 어떤 사람일까, 문득 궁금해진다.

내가 오래 살아야 하는 이유를 그녀는 한 번도 내게 이야기해주지 않았다. 그렇지만 그 친구는 마치 나를 오래 살게 해야 한다는 책임의식을 가진 사람처럼 나름 좋다는 것들을 챙겨서 보내곤 했다. 늘 받는 데 익숙해 '그러려니…' 하고 받는 나 같은 부류의 사람과 병들어 힘겨워진 몸으로도 멀리 떨어져 있는 친구를 위해 이것저것 챙기는 친구 부부와 같은 부류의 사람들 중에 누가 더 오래 살아야 할까?

나는 친구에게 "너 같은 아이가 더 오래 살아야 해"라는 말을 되돌려주고 싶다. 우리는 서로에게 오래 살아야 할 이유가 된다.

깊어가는 이 밤, 친구 부부가 오래 살기를 기도해본다.

애곡의 시간

"살려달라고, 내 자식을 살려달라고!"

울부짖던 어머니가 쓰러졌다. 바다를 향해 아들의 이름을 수없이 부르던 아버지가 뇌출혈로 쓰러졌다. "우리 아이는 책임감이 강해 죽어 돌아올 줄 알았다"고 담담히 말하는 어느 교사의 아버지, 먹지도 마시지도 않고 바다를 향해 마냥 앉아만 있는 어머니, 살려달라고 애원하다가 "그리 아니하실지라도 영혼이 구원받게 해주셔서 감사하다"는 아버지. 우리는 그들의 아픔을 이해하는 척해서는 안 된다. 섣불리 위로하려 해서도 안 된다. 그들의 고통은 인간의 말로는 이해받을 수 있는 고통이 아니기 때문이다.

참담한 그들의 아픔 앞에서 인간의 무기력을 통감할 수밖에 없다. 우리가 그들에게 해줄 수 있는 말이란 고작 "밥 먹어라"밖에 없다. "밥 먹어라"는 말은 '그래도 먹고 살아야 한다'는 말이다. '밥이 넘어가지 않아도, 그래도 먹어야 한다'는 말이다. '생명 줄을 놓아서는 안 된다'는 말이다. '힘을 내야 한다'는 말이다. 사랑의 표현을 우리는 고작 그렇게밖에 할 수 없다.

그들이 충격적인 일을 강력하게 거부하고 분노하고 상실감에 넋을 잃고 울부짖을 때 "울지 말라"고 해서도 안 된다. 마음껏 울고 소리칠 수 있도록, 기댈 수 있도록 우리의 어깨를 내어주는 일밖에 할 일이 없다. 그들이 차가워지고 적대감정을 드러내며 '다 너희들 때문'이라고 해도, 슬픔과 고독으로 자신을 고립시키고 우울증의 늪에 빠져 있을 때도, 우리는 그 늪가에 앉아 그저 기다려줄 수밖에 없다. 그들을 위해 해줄 수 있는 언어가 있다면 기도의 언어밖에는 없다. 그리고 식욕을 잃은 그들을 위해 죽이라도 쑤어주며 "먹어라"라고 할 수밖에 없다.

그들은 사랑하는 사람만 잃은 것이 아니라 함께 쌓아왔던 삶을 잃었다. 함께 보냈던 시간들, 함께 나누었던 기쁨들, 함께 꿈꿨던 미래를 잃었다. 이웃은, 교회는 그들과 함께 애곡의 시간을 보내고 그들을 돌보아야 한다.

# 권사님 동네에 일어난 기적

우리 교회 권사님 동네에 기적이 일어났다고 한다. 그 동네에 늙은 부부가 살고 있었는데 남편과 아내가 동시에 치매에 걸렸다. 자식들은 평소에 별로 사이가 좋지 않았던 두 분을 기관에 따로따로 모셨다. 그런데 두 곳을 찾아다니려니 힘이 들었던 자식들은 두 분을 한 기관으로 모시고 한방을 쓰게 했다. 부부가 한방을 쓰게 되자 치매에 걸린 할아버지가 같이 치매에 걸린 할머니를 "예쁘다" 하면서 쓰다듬기 시작했다. 날마다 손발을 씻기고 안아주고 어루만져주면서 극진히 돌보고 사랑하기 시작한 것이다.

몇 달을 그렇게 하자 기적이 일어났다. 할머니가 나은 것이다. 자식들은 기뻐하면서 할머니에게 권했다.

"어머니도 아버지를 그렇게 좀 사랑해드리세요."

사랑을 받으면 치매도 낫는다는 사실을 알게 된 자식들은 아버지에게도 기적이 일어나길 기대하며 어머니에게 부탁했던 것이다. 그런데 할머니는 그렇게 할 수 없었다.

그 이유에 대해 우리 교회 권사님이 간단하게 정리하셨다.

"제정신이 돌아왔으니까 못하지. 영감이야 제정신이 없었으니까 그렇게 할 수 있었던 거고."

사랑은 제정신이 아니어야 할 수 있다는 것이다. 그래서 젊은 이들이 열정적으로 사랑할 때 '제정신이 아니다'라고 하나보다. 사랑은 눈에 콩깍지가 씌어야만 하거나 제정신이 아닐 때 할 수 있다는 것이다. 어쨌든 쓰다듬고 안아주며 사랑을 해주었더니 할머니가 나았다는 게 이 이야기의 핵심이다.

미국의 할로우(H. F. Harlow) 박사는 원숭이를 대상으로 대리모 실험을 했다. 할로우 박사는 두 개의 가짜 원숭이 어미를 만들었다. 하나는 부드럽고 물렁한 고무를 부드러운 벨벳 천으로 싼 어미 모형이었고, 하나는 딱딱하고 차가운 철사로 만든 어미 모형이었다. 165일 동안 진행한 이 연구의 결과는 원숭이 새끼들이 따뜻하고 부드러운 천 대리모에게만 매달려 지냈다는 것이다. 이것을 '접촉위안'이라고 한다.

모든 생물체는 부드러운 신체접촉을 할 때 성장하고 행복할 수 있다. 그리고 치매도 낫게 할 수 있다는 것이 권사님 동네에서

일어난 기적이 입증하고 있는 셈이다.

만약 치매에 걸리기 전에 서로 보듬어 안아주고 쓰다듬어주면서 사랑한다면 치매요양기관들이 하나둘 문을 닫게 될지도 모를 일이다.

# 선물하는 사람들

참 많은 선물을 받으며 살았다. 명절이나 생일이면 매년 거르지 않고 선물을 보내오는 사람들이 있다. 명절음식을 한 상 차려오는 지인도 있고, 매년 김장을 담가다주는 지인도 있다. 생일이면 잊지 않고 생일잔치를 해주는 지인들도 있다. 내 생일날에 빨간 동그라미라도 쳐놓는 것인지, 오랜 세월 동안 잊지 않고 연중행사라도 치르듯 선물을 해준다.

우리 집안 대소사까지 챙기는 지인도 있다. 어버이날이면 시골에 계신 우리 어머니 선물까지 챙겨 보내는 딸 같은 지인도 있다.

선물을 받을 때마다 이런 생각이 든다.

'무엇 때문에 그들은 내게 선물을 하는 것일까?'

그 물음에 대해 그들의 대답은 늘 같다.

"많은 것을 받아서요."

"늘 기억이 나서요."

그런데 참 이 말이 하나님의 은혜인 것 같다. 아무리 생각해도 내가 그들에게 해준 것이 없기 때문이다.

나는 그들의 생일을 챙기기는커녕 그들의 생일도 모르는 정말 염치없는 사람이다. 아무리 기억을 해보아도 내게 선물을 하는 사람들에게 내가 해준 것은 없다. 이따금 선물을 해오는 사람들 중에는 내가 전혀 예상하지 못한 사람인 경우도 있다. 선물을 할 만큼 나에게 받은 것이 없는 사람들이 선물을 주는 것이다.

어떤 뜻으로든 내게 조금이라도 도움을 받은 사람은 오히려 감사할 줄 모르거나 해롭게 하는 경우까지 있는데, 받은 것도 없는 사람들이 무언가를 받았다고 생각하고 오랜 세월 기억해주니 신기하기까지 하다.

사실 선물을 하는 사람들을 보면 그들에게는 남다른 것이 있는 것 같다. 마치 '감사 DNA'라도 갖고 있어서 좋은 것만 감사로 기억하는 부류의 사람들인 것 같다. 복 받은 사람들이다.

그들의 공통점은 열심히 살고 이웃을 돌아본다는 것이다. 그리고 많은 것을 받으며 산다는 행복 포만감에 차 있다. 물질로 부유하지는 않지만 감사로 부유한 사람들이다. 그들은 최상의 선물인 '감사하는 마음'을 하나님께 받은 사람들이다.

살자

　요즘, 사람들로부터 '죽고 싶다'는 말을 많이 들었다. 그리고 가까운 사람의 죽음으로 힘들어하는 사람들을 만났다.

　'죽고 싶다'며 목숨을 끊은 사람들의 말에는 공통점이 있다. 그때는 주변의 아무것도 눈에 보이지 않더라는 말이다. 그토록 사랑하던 자식들도, 배우자도, 부모도, 아무것도 보이지 않더라는 것이다. 그러나 그들이 보지 못한 그곳에 있던 사람들은 그들의 죽음 이후 갑절의 고통으로 살아야 했다.

　힘들게 파출부 일을 하며 자식들을 성장시킨 어머니가 있었다. 그런데 그 어머니가 어느 날 딸이 스스로 목숨을 끊었다는 기가 막힌 소식을 듣게 되었다. 평소 우울증을 앓던 딸은 남편이 병들어 눕고 아들까지 교통사고로 발목을 절단해야 하는 위기가 닥치자 견딜 수 없어 죽음을 택했던 것이다.

　세월이 지난 후 사위의 병은 나았고, 손자도 발목을 절단하지 않고 극적으로 완쾌되었다. 그러나 사위뿐만 아니라 손자까지도 '나 때문에 엄마가 죽었다'는 죄책감에서 헤어나지 못하고 괴로워했다. 그 모습을 보면서 어머니는 눈물을 훔치며 말했다.

"조금만 참지…. 다 지나가는 건데, 지나가는 건데…."

죽는다고 해서 모든 것이 끝나는 것은 아니다. 죽음 후에는 심판이 있고, 이 땅에 살면서 관계를 맺었던 사람들의 삶은 여전히 이어진다. 그들은 떠나버린 자가 남긴 고통의 몫까지 지고 가야 한다. 아니, 갑절의 십자가를 져야 한다. 남겨져야 할 자들을 돌아볼 겨를도 없이, 살고 싶으나 살 대책이 없어 앞이 깜깜한 사람들이라도, 살자. 그럼에도 불구하고 살자.

살자…. 이 세상에 한 번쯤 죽고 싶다는 생각을 해보지 않고 살아가는 사람이 얼마나 되겠는가? 보도블록 사이를 비집고 나오는 잡초, 생명력이란 그런 것이 아니겠는가? 오늘도 중환자실에서 하루를 더 살기 위해 안간힘을 쓰는 생명도 있지 않은가?

생명은 하늘로부터 온 것이므로 내 마음대로 할 수 없는 것이다. 나는 '홀로'가 아니다. 서로의 인생을 버텨주어야 하는 하나의 버팀줄로 이어져 있는 존재이다. 버팀줄 하나가 끊어지면 나머지 모든 버팀줄들이 함께 쓰러지고 만다.

살자, 당신은 없어서는 안 되는 소중한 존재이다.

Part 5

다시 한 번
꿈을 꾸자

## 밝음과 어두움

언젠가 읽었던 동화가 생각난다. 밤을 아주 무서워하는 소녀가 있었다. 그 소녀는 어둠이 무서워 어두워지면 집에 있는 등이란 등은 모두 켜놓고 잠을 자야 했다. 그런데 어느 날 밤 이 소녀에게 한 천사가 찾아와 말했다.

"밤도 낮과 같은 또 하나의 세계란다."

그리고 등불 하나를 끄며 말했다.

"이건 불을 끄는 것이 아니고 밤을 켜는 거야. 잘 보면 등불을 끌 때마다 밤의 세계가 열리는 걸 보게 될 거야."

천사가 등불을 하나하나 끄자 소녀는 그동안 볼 수 없었던 아름다운 달과 별들을 볼 수 있었고, 풀벌레의 날개 비비는 소리도 들을 수 있었다.

우리의 인생에는 밝음과 어둠이 공존한다.

'내 인생에는 반드시 밝음만 존재해야 한다. 어두운 것은 끔찍

한 일이다.'

이런 사고는 비합리적이다. 인생이 칠흑같이 어두울지라도 그
속에서 우리가 찾을 수 있는 삶의 가치 있는 것들이 있다. 고난의
어둠 속에서 한 욥의 고백을 아는가?

내가 주께 대하여 귀로 듣기만 하였사오나 이제는 눈으로 주를 뵈
옵나이다 욥 42:5

인생의 어둠 속에서 우리는 하나님을 뵙기도 한다. 그리고 보
이지 않던 것들을 보게도 되고 보이지 않는 것들의 소중함도 알
게 된다.

어느 가난한 집 어머니가 자녀들에게 들려주었다는 말이 기억
난다.

"밤이 깊을수록 더욱 빛나는 별을 볼 수 있단다."

보이지 않는 것을 볼 수 있는 눈은 어둠 속에서 뜨이는 것이다.
그 어머니의 자녀들은 어둠까지도 긍정적으로 받아들이게 되었
을 것이다.

밤이 깊을수록 밤을 새롭게 볼 수 있는 눈도 열리지만, 그 깊
은 어둠이 새벽의 전조임을 알 수 있는 지혜도 열린다. 인생의 시

간 속에서 만나는 어둠에 절망하기 전에 새벽의 환희를 고대할 수 있다면 밝음과 어둠을 모두 가치 있게 받아들일 수 있게 될 것이다.

어둠의 또 다른 세계를 보게 된 소녀처럼 내 삶의 어둠이 깊을 때 그 속에 숨겨진 은밀한 하나님의 은혜와 사랑을 볼 수 있도록 하나하나 밤을 켜는 손길은 믿음이다. 어둠 속에도 귀한 것들이 들어 있으며, 그것들이 내 삶을 더욱 귀하게 할 것이라는 믿음 말이다.

# 시선(視線) 권력

세상을 움직이는 가장 무서운 변수는 무엇일까? 이 질문에 '남의 눈'이라고 말하는 학자의 강의를 들은 적이 있다. 권력을 '내 마음대로 할 수 없게 하는 외부의 힘'이라고 한다면, 내 마음대로 할 수 없게 하는 가장 강렬한 힘은 '남의 시선'이라는 것이다.

시선 권력의 기세가 등등한 시대에 우리는 살고 있다. 좋은 직장에 들어가기 위해 성형을 해야 하기도 하고, 외모를 꾸미기 위해서라면 무슨 짓을 해도 좋다는 청소년도 있고, 명품 하나쯤 갖고 있지 않으면 자신의 존재 가치가 떨어진다고 생각하는 사람도 있다. 개인의 사생활을 낱낱이 드러내는 장치들이 눈을 부릅뜨고 있고, 남의 눈 때문에 괴로워 자살하는 사람도 있다.

며칠 전 목회자의 아내로 살고 있는 친구를 만났다. 오랜만에 만난 그녀는 무척 초췌해져 있었다. 무언가 하고 싶은 이야기가 있는 듯한데 계속 변죽만 울리다가 차가 식을 때쯤에야 겨우 입

을 열었다.

"나는 나로 살 수가 없어. 남편은 내 말이나
행동에 대해 늘 타박해. 성도들의 눈을 늘 의식
하며 살라는 거야. 감정 표현이나 옷을 입는 것
까지도. 아이들 역시 마찬가지야. 우리 아이들은 애
어른으로 살아야 해. 도대체 나나 애들은 뭐야…."

그녀와 아이들은 시선 권력에 시달리고 있었다. 그 남편 역시
시선 권력의 포로가 된 사람이었다. 사모로 사느라 몸도 마음도
쇠약해져 있는 그녀가 안타까웠다. 남에게만 맞추어져 있는 남
편의 시선이 이제는 그녀에게 맞추어져야 할 것 같았다. 가족이
무너진다면 결국에는 목회도 무너지는 것이 아닐까 하는 우려가
생겼다.

사람은 관계 속에 살아가기에 남의 시선을 무시할 수는 없지
만, 시선 권력에 휘둘려 자신을 위장하며 살아야 한다면 그것은
문제가 된다.

성경 인물 중 시선 권력을 극복한 사람으로 삭개오가 있다. 그
는 무수히 쏟아지는 사람들의 시선에 아랑곳하지 않고 오직 예
수님께 시선을 집중시켰다. 그리하여 그리스도의 시선 앞에서 자
유함을 얻게 되었다.

반면 사울 왕은 끝까지 하나님의 시선을 의식하지 않고 백성의 시선 권력에 포로가 되어 자신을 포함한 모든 것을 잃고 말았다. 시선 권력에서 자유로울 수 있는 것은 하나님의 시선에 내 시선을 맞출 때 가능한 것 같다.

# 달려갈 길

살다가 넘어지지 않는 사람이 있을까마는 주변의 너무 많은 사람들이 실족하여 하나님을 떠나는 모습을 보면 안타깝다. 소치 동계올림픽에서 출발선을 떠나 결승선을 향해 질주하던 선수들이 자신의 실수나 혹은 다른 선수들의 진로 방해 때문에 넘어지고 미끄러져 튕겨나가는 일이 있었다. 그때 그 선수들은 무슨 생각을 했을까?

온갖 고된 훈련을 하며 죽을힘을 다해 준비했던 꿈을 향한 도전이 한순간 끝나버린 것 같은 좌절감에 빠졌을 수도 있고, 자신의 실수나 방해자에 대해 화가 치밀어 돌아설 수도 있었을 것이며, 새롭게 시작하고 싶은 의욕을 상실하여 달려가야 할 길을 포기할 수도 있었을 것이다.

선수들의 경기를 숨죽여 지켜보면서 신앙의 길도 똑같다는 생각을 해보았다.

'출발도 중요하지만 끝까지 달려갈 길을 다 가는 것이 얼마나 힘든 일인가? 인생길을 가면서 우리를 넘어지게 하거나 스스로 넘어지는 일들이 얼마나 많은가?'

어린 선수들에게서 교훈을 얻었다. 그들은 하루 열네 시간씩 훈련을 했다. 자신의 선택을 후회하지 않았고 힘들어도 참는 우직함이 있었다. 마음 상하는 일이 있어도 자신이 겪어야 하는 일로 받아들이고 금방 털어버리고는 다시 시작했다.

기자들은 쇼트트랙 여자 500미터 결승에서 두 번이나 넘어졌던 박승희 선수에게, 넘어졌을 때 무슨 생각을 했느냐는 질문을 했다. 그녀는 대답했다.

"오직 결승선에 들어가야 한다는 생각만 했습니다."

그녀의 말에 디모데후서 4장의 말씀이 떠올랐다.

나는 선한 싸움을 싸우고 나의 달려갈 길을 마치고 믿음을 지켰으니 이제 후로는 나를 위하여 의의 면류관이 예비되었으므로
딤후 4:7,8

달려갈 길을 포기하고 비난하며 튕겨져 나가는 신앙인들의 삶의 목표는 과연 무엇일까? 오직 하늘의 면류관에 삶의 목표를 두

었다면 이 세상에서 실족하게 하는 것들이 무슨 상관이 있겠는가? 두 번이고 세 번이고 다시 일어나 결승점을 향해 달려야 하지 않겠는가?

자문해보니 부끄럽다. 하루 열네 시간씩 자신을 쳐서 복종시키는 훈련도 하지 않았으면서 무슨 원망이 그리 많고, 무슨 변명이 그리 많은지…. 생각할수록 더욱 부끄러워지는 신앙인의 모습이다.

# 탁월한 능력

나는 그 교회를 갈 때마다 '이유가 무얼까?' 하는 생각을 하곤 했다. 주일날 장거리에 있는 교회로 강의를 가게 될 경우가 있다. 그런 때는 집에서 가까운 교회에서 예배를 드리는데, 그 교회에 처음 갔을 때 솔직히 나는 '이건 뭐지?' 하는 생각을 했다. 예배 시간에 말씀을 전하시는 목사님이 계속 말을 더듬으셨기 때문이다. 무슨 말인지 알아듣기가 힘들 정도였다. 그런데 교인들은 그 말씀을 알아들으려고 정신을 바짝 차리고 열심히 듣고 있었다.

솔직히 신기하다는 생각이 들었다. 요즘처럼 성도들의 귀가 커져서 담임목사님의 설교뿐 아니라 TV나 인터넷으로도 유창한 설교를 들을 수 있는 시대에 말을 더듬는 목사님이 꽤 큰 교회를 이끄는 비결이 무엇일까? 별로 그렇게 보이지는 않았지만 그 목사님에게 어떤 신기한 능력이 있는 것일까? 그런데 뜻밖에도 그 의문이 풀린 것은 대전에 있는 다른 교회에서였다.

어머니기도회 강사로 대전에 있는 모 교회로 내려가게 됐다. 가보니 오천 명이 넘는 성도들을 섬기는 크고 아름다운 교회였다. 강사 대기실에서 그 교회 성도들에게 담임목사님의 이야기를 듣게 되었다.

"우리 목사님은 말을 더듬으십니다. 그런데 우리 성도들은 그분을 사랑하고 존경합니다. 우리가 그 분을 사랑하고 존경하는 이유는, 그 분은 자신이 하는 말씀과 같은 삶을 사시는 분이기 때문입니다."

"35년 동안 이 교회를 이렇게 키우셨지만, 그 분은 여전히 처음 목회를 시작하실 때부터 살았던 낡고 작은 집에 살고 계십니다."

"퇴임을 몇 년 앞두셨는데 미리 후임자를 세워 훈련시키고 계십니다."

그 교회 성도들의 말을 들으면서 내가 가지고 있던 의문이 풀렸다. '말을 더듬는 목사님이 교회를 잘 섬기는 이유가 어떤 능력 때문인가?'에 대한 대답을 듣게 된 것이다.


하나님의 나라는 말에 있지 아니하고 오직 능력에 있음이라

고전 4:20

우리는 이 말씀에서 말하는 '능력'이 귀신을 쫓아내고 병든 자를 일으키는 능력으로 생각하기 쉽다. 그러나 나는 그날 성도들의 이야기를 들으며 '참다운 능력이란 말씀대로 사는 삶'이라는 것을 배웠다. 그 능력이야말로 그 어떤 능력보다 탁월한 것임을 알게 되었다.

# 어느 기사의 이야기

택시를 탔다. 차 안이 정결했다. 중년의 기사도 단정한 차림새였다. 목적지를 이야기했더니 "어느 길로 가는 것이 좋겠느냐?"고 물었다. 그리고 "요즘은 기사 마음대로 가서는 안 되고 꼭 손님이 가자는 길로 가야 한다"고 덧붙였다.

택시를 탔는데 행선지가 조금 멀면 운전기사의 인생스토리를 듣게 되는 경우가 있다. 그 운전기사는 택시운전을 한 지 7개월이 되었다고 했다. 30년 넘게 은행에 다니다가 사표를 내고 운전을 하게 되었다는 것이다. 카드 판매 실적을 내야 하는데, 무슨 일이건 실적으로 압박하는 통에 그 스트레스로 가슴이 턱턱 막히곤 했다고 했다. 출근하기가 죽기보다 싫었지만 그래도 처자식 먹여 살리자는 마음으로 30년을 넘게 참았다고 했다.

그런데 최근에 정말 잘나가던 같은 직종의 친구가 쓰러졌다는 말을 듣고 병문안을 갔다고 한다. 반신불수가 되어 말도 못하고 누워 있는 친구를 보니, 마치 자기가 그 자리에 누워 있는 것 같아서 사표를 내기로 작정했다는 것이다. 그는 실적 위주의 한국에서는 참 살기 힘들다고, 자신은 요즘 운전을 하면서 너무 편하고 좋다고 했다. 그는 실적 위주의 상황에서 벗어난 자유를 즐거워하는 것 같았다.

그러면서도 그는 개인택시 기사를 하기 위해 실적을 올리려고 열심히 연구하고 있다고 했다. 어느 지역에서 손님들이 택시를 잘 타는지를 파악하기도 하고, 손님이 있다고 생각하는 곳을 돌고 또 돈다고 했다. 그는 여전히 실적 위주의 삶에서 벗어나지 못하고 있었으나 그 자신은 그것을 의식하지 못하고 있는 듯했다.

그러나 차이점은 분명하다. 이전에는 상황에 끌려 다녔지만 이제는 자신이 상황을 끌고 다니기 때문에 즐겁게 일할 수 있는 것이다. 그는 다행히 환경을 바꿀 수 있는 조건을 가지고 있었다. 자식들도 다 키웠고 그런대로 살 만하다고 했으니 말이다. 하지만 온갖 스트레스 속에서도 어쩔 수 없이 출근해야 하는 사람들이 무수히 많다.

환경을 바꿀 수 없다면 생각을 바꿀 수밖에 없지 않겠는가? '나에게 직장이란 무엇인가?'를 자문해보면서 긍정적인 관점으로 바꾸어보는 것은 어떨까?

## 사막에 서다

  거의 10년 만에 그녀를 만났다. 십 년 전 그녀는 꼿꼿이 선 한 송이 장미처럼 자신감에 넘쳤고 아름다웠다. 오랜만에 만난 그녀는 여전히 아름다웠지만 쌍꺼풀 진 눈은 더 깊어져 있었다. 우리는 그동안의 공백을 메우려는 듯 많은 이야기를 나누었다. 그녀는 남편과 아들의 성공을 이야기했고, 그 배후에 계셨던 하나님을 찬양했다. 날카로운 지성으로 교회에 대해 비판적이었던 그녀의 신앙이 변해 있었다.

  밤이 깊어 우리가 헤어져야 할 시간이 가까워 오자 그녀는 속 깊은 곳에 있는 이야기를 꺼내 놓았다. 그녀는 직장에서 깊은 상처를 입었다고 했다. 견딜 수가 없었던 그녀는 세계 여러 곳으로 여행을 다녔다. 여행 일정이 끝나갈 무렵 그녀는 사막으로 갔고, 아무것도 없는 광활한 사막에 홀로 서게 되었다고 했다.

  갑자기 그녀는 세계 속에 홀로인 자신을 아득히 느끼게 되었고 자신의 가치가 티끌 같은 존재임을 느끼게 되었다고 했다. 그리고 그동안 아등바등 발버둥 치며 이루어놓았던 많은 것들이 얼마나 무의미한 것이었나를 깨닫게 되었다고 했다. 인격에 대해 치명적인 상처를 입고 분노하고 좌절했던 것까지도 광활한 우주 속에서는 아무런 의미도 없다는 것을 느꼈다고 했다. 그녀가 그곳에서 느낄 수 있었던 것은 무한히 크신 하나님의 존재와 그런 분이 자신을 품어 안으시는 사랑이었다고 했다.

그녀와 헤어져 밤길을 걸으며 인간의 상처에 대한 치유는 자신이 나약한 존재라는 자각과 티끌 같은 그 삶에 개입하시는 하나님의 은혜에 대한 인식에서부터 시작되는 것이라는 생각을 했다.

그녀는 지금도 때때로 숨이 막히는 병을 앓고 있다고 했다. 상처란 그렇게 상흔을 남기는 법이다. 그러나 그녀는 상처 입힌 자에 매여 자신을 더욱 상처 입히는 일이 무의미하다는 것을 잘 알고 있었다. 무한한 우주 속의 풀과 같은 인간의 존재에 대해 알게 되었기 때문이다.

풀은 마르고 꽃이 시듦은 여호와의 기운이 그 위에 붊이라 이 백성은 실로 풀이로다 풀은 마르고 꽃은 시드나 우리 하나님의 말씀은 영원히 서리라 하라 사 40:7,8

# 당신은 아름답습니다

내가 그 백조를 본 것은 아름다운 대학 캠퍼스 내에 있는 호숫가에서였다. 그 백조는 호숫가에 쌓아 올린 돌담 귀퉁이 후미진 곳, 냄새나는 배설물 위에 윤기 잃은 털을 한 채 호수를 등지고 서 있었다. 그 백조는 호수로 들어가 헤엄치기를 완강히 거부하고 그 자리에 못 박힌 듯 서 있었다. 관리하는 분에게 그 백조의 사연을 듣게 되었다.

그 백조는 그 호수의 왕이었다. 아름다운 짝과 함께 호수를 유유히 헤엄쳐 다녔다. 함께 그 호수에 사는 거위들은 감히 그 주위에 올 수가 없었다. 그런데 어느 날 감쪽같이 암컷이 사라져 버렸다. 그 후 백조는 거위들이 그의 공간을 침투해 와도 무기력하게 홀로 떠 있었다.

그러던 어느 날 그 백조에게 또 다른 엄청난 사건이 생겼다. 취객이 호수에 들어가 그 백조를 붙잡아 안주를 하겠다며 산 채로 불판에 올려놓으려 한 것이다. 백조는 정말 필사적으로 발버둥을 쳐 탈출에 성공했다.

그날부터 백조는 일주일간 아무 먹이도 먹지 않았고, 지금의 그 자리를 고수하며 움직이려고도 하지 않았다. 백조의 까만 눈은 두려움으로 가득 차 있었다. 백조가 떠 있어야 할 호수에는 거위들이 헤집고 다니고 있었다.

그 백조가 다시 제 삶의 자리를 찾을 수 있는 길이 있다면 '백조'라는 자신의 정체성을 찾는 것이다. 지금 자신을 왕따 시키고 있는 거위 따위는 상대가 안 되는 아름다운 백조임을 깨달아야 한다.

그리고 두려움을 이겨내야 한다. 무서웠던 과거에 대한 두려움을 잊고 호수로 다시 들어가는 시도를 해야 하는 것이다. 그것은 그 백조만이 할 수 있는 일이다.

우리 인생길에도 그 백조처럼 상실의 아픔과 절체절명의 위기로 인한 무기력감과 두려움에 싸여, 사는 것 자체가 괴로운 순간이 있을 것이다.

그럴 때는 자신의 정체성을 찾아야 한다. '나는 하나님의 자녀'라는 정체성 말이다. 상처 속에 발을 담그고 무기력하게 살아서는 안 되는 존귀한 사람이라는 것이다. 그리고 인생길에서 겪은 모든 험난한 고통의 과거로부터 자유하게 될 수 있다는 믿음으로 새 삶을 시도해봐야 한다.

　가여운 그 백조와 그 백조를 닮은 이들이 두려움에서 벗어나 다시 아름다움을 찾기를 기도한다.

# 그녀의 가을

　그녀는 그런대로 만족을 느끼며 살아왔다. 아쉬움 없이 살았고, 사랑하는 사람들이 있었고, 일도 인정받을 만큼 하고 있었다. 그런데 어느 날부턴가 머리가 아파왔다. 몸이 아프기 시작하면서 그녀의 마음도 흔들렸다. 갑자기 자신의 인생에 가을이 온 것 같았다. 사랑하는 사람들이 곁에 있어도 외로웠고, 나이 들어간다는 것이 불안했다.

　무성했던 나뭇잎을 떨구어야 하는 가을나무처럼 자신에게서 모든 것이 떠나버리는 것 같아 허무했다. 아무리 주사를 맞고 약을 먹어도 그녀의 머리는 낫지 않았다. 그녀는 자신이 무척 지쳐 있음을 느꼈고 일탈을 하고 싶었다. 그녀는 텅 빈 마음에 무엇인가 채워야 한다고 생각했다. 그녀는 자연을 찾아 떠났다. 한적한 산길을 걸으며 지나치게 많은 소리의 공해 속에 자신이 노출되어 있었다고 생각했다. 인공적인 소리를 너무 많은 듣고, 너무 많이 보고, 그것이 그녀의 머리를 아프게 한다고 생각했다.

그녀는 머릿속에 입력되어 있는 쓸데없는 것들을 털어내고 신선한 자연의 소리를 듣고 보았다. 도토리 떨어지는 소리, 풀벌레 날개 부딪히는 소리, 시냇물 흐르는 소리를 듣고, 들꽃들을 보고, 푸르게 높은 하늘을 보았다. 머리가 한결 상쾌해졌지만 그녀 마음의 구멍은 메워지지 않았다. 채워지지 않는 무언가가 있었다. 그녀는 피곤을 느끼며 숙소로 들어왔고, 그곳에서 우연처럼 한 문장의 글을 보게 되었다.

"God alone Suffices"(하나님은 홀로 우리의 만족이시다).

그녀는 그 글에서 충족되지 않는 자신의 불만족의 원인을 알게 되었다고 했다.

그녀의 가을 이야기를 들으면서 인생의 만족의 근원은 어디로부터인가를 생각해본다. 그러다가 문득 말씀이 떠올랐다.

우리가 무슨 일이든지 우리에게서 난 것같이 스스로 만족할 것이 아니니 우리의 만족은 오직 하나님으로부터 나느니라 고후 3:5

무언가 채워지지 않는 마음의 공허로 괴롭고 쓸쓸하다면 하나님 품에 깊이 안겨보아도 좋으리라. 인생의 겨울이 오기 전에.

# 웃지 않는 죄

어려워진 회사를 다시 일으키려고 안간힘을 쓰던 지인이 있었다. 몇 년을 고생하며 겨우 회사를 세우게 되어 한숨 돌리고 있는데, 어느 날 회사에서 청소를 하던 아주머니가 "이전에는 잘 웃으셨는데 요즘은 웃으시는 걸 볼 수가 없다"라고 하더란다. 그는 그 말에 충격을 받았다고 한다.

'내가 일 때문에 정말 소중한 것을 잃었구나.'

새삼 주위를 둘러보니 직원들의 웃음소리가 줄었고, 집에서 역시 웃음소리가 나지 않더란다. 그는 문득 이런 생각을 하게 되었다고 한다.

'항상 기뻐하는 것이 하나님의 뜻이라고 했는데, 내가 하나님의 뜻을 거역하는 죄를 지었구나.'

그는 자신이 웃지 않은 죄, 주변 사람들의 웃음을 잃게 한 죄가 크다는 것을 깨달았노라고 했다.

웃지 않는 것을 죄로 생각해본 적이 한 번도 없었던 나는 그의 말에 신선한 충격을 받았다.

우리는 '기뻐할 일도, 웃을 일도 없는데 어떻게 웃을 수 있는가'라며 웃지 않는 죄를 합리화시킨다. 그런데 바울은 사방이 막힌 암담한 감옥에서도 "나는 기뻐하고 또한 기뻐하리라"(빌 1:18)라고 했다. 기뻐하거나 웃는 것은 의지적인 일이라는 말이다.

심리학자들이 실험을 한 것이 있다. '웃음으로 자신을 행복하게 만들 수 있는가? 얼굴을 찌푸리면서 침울하게 만들 수 있는가?'에 대한 실험이었다. 실험의 목적은 숨긴 채 실험이 진행되었다. 한 그룹은 연필을 '이' 소리를 내면서 물어 웃는 얼굴 모습을 만들었다. 또 다른 한 그룹은 입술을 삐죽이 내밀어 '우' 소리를 내면서 연필을 물어 화가 난 모습으로 만들었다. 그 상태로 같은 만화를 보게 했다.

결과는 웃는 모습의 사람들이 화난 표정의 사람들보다 즐거워하며 만화를 보았고, 만화가 재미있다고 평가를 했다. 웃기로 작정할 때 기뻐진다는 것이다.

강의 차 지방에 있는 교회에 간 적이 있었다. 짧은 시간에 급속히 부흥한 교회였다. 비결을 묻는 내게 목사님의 대답은 뜻밖이었다.

"성도들에게 웃는 연습을 시켰습니다."

잘 웃는 사람 주위에 사람들이 모이게 되어 있다. 웃을 일 있는 세상을 기대하기 전에 먼저 웃어야 할 것 같다. 웃지 않는 죄를 짓지 말고….

# 두 개의 거울

　우리 집에는 몇 개의 거울이 있는데, 그중에서도 자주 보게 되
는 두 개의 거울이 있다. 거실 벽에 붙어 있는 거울과 세면실 거울
이다. 세면실에 있는 거울 위에는 형광등이 달려 있다. 그래서인
지 아주 세밀한 부분까지 여지없이 드러난다. 잔주름이나 작은
점까지 선명하게 보인다.

　이에 비해 거실에 있는 거울은 흐릿한 편이다. 적당히, 보이지
않을 것은 보이지 않는다. 거실 거울보다 세면실 거울이 더 정직
하고 임무에 충실하다. 그럼에도 불구하고 거실 거울을 보는 것
이 훨씬 마음이 편하다. 흠이 적당히 가려지기 때문이다.

　세면실 거울은 나를 정확하게 평가해주지만 불편하다. 마치
평가적 인지가 잘 발달한 사람 같다. 무엇을 보던 평가의 관점으
로 보는 평가적 인지는 타인이나 자신까지도 평가하는 골치 아
픈 역기능적 인지이다. 평가는 '비난'이라는 정서적 장애를 일으

키기도 한다. 이 세상에 완벽한 것이 있겠는가? 그래도 인생이 아름답고 사람이 아름답다고 할 수 있는 것은 허물을 가려주고 덮어가며 살기 때문이 아니겠는가? 우리가 서로를 평가하고 비난하는 것처럼 나의 잘못 하나하나를 하나님께서 정확하게 보시고 평가하신다면 내가 설 자리는 없을 것이다.

어느 교회학교 선생님이 아이들에게 물었다.

"하나님께서 하실 수 없는 일이 있을까?"

아이들은 힘차게 대답했다.

"없어요."

그런데 한 어린 소년이 대답했다.

"예, 하나님께서 못 하시는 일이 있어요."

선생님은 예상치 못한 답에 당황하여 소년에게 다시 물었다.

"하나님께서 못 하시는 일이 있다고?"

소년은 대답했다.

"예, 하나님께서는 예수 그리스도의 피 때문에 제 죄를 보실 수가 없어요."

어린 소년의 대답에서 예수 그리스도의 덮으시는 사랑에 새삼 감사를 느끼게 된다.

허물의 사함을 받고 자신의 죄가 가려진 자는 복이 있도다 시 32:1

나를 위해 흘리신 그리스도의 보혈로 허물이 가려진 그리스도인이라면 남의 허물, 내 허물을 드러내려 하는 일을 그만 해야 할 것 같다. 내 허물을 정확히 드러내는 세면대 거울보다 마치 사랑으로 허물을 덮는 것 같은 거실의 거울이 더 정겹다.

# 잘되고 있습니다

우리 교회에서는 성도를 서로 축복하는 시간이 있다. 예배가 시작되면 인사를 나누고 서로에게 "잘되고 있습니다"라고 말하는 것이다. 나는 이 말에 별 의미를 두지 않았었다. 그저 하라니까 하는 정도로 "잘되고 있습니다"를 예배 때마다 반복했다. 그런데 어느 날 어떤 문제로 걱정을 하고 있을 때 문득 "잘되고 있습니다"라는 말이 떠올랐고 힘을 얻게 되었다.

"잘되고 있습니다"는 현재진행형이다. 사실 우리는 어떤 일이 결과적으로 "잘되었습니다"라고 말하길 원한다. 사업도 잘되었습니다, 자녀도 잘되었습니다….

그러나 그런 기대가 어긋나면 '잘못되었다'라는 결과로 받아들인다. '내 삶은 잘못되었다'라는 회의에 빠지게 된다. 어려움 속에서 보이지 않는, 우리가 이해할 수 없는 하나님의 계획이 진행되고 있는 것을 보려 하지 않는다. 삶에 지칠 때, '언제 잘되는 건데?'라고 회의적인 질문을 하기도 한다.

그러나 지나온 날들을 뒤돌아보면 그때, 그 이유가 이해되지 않아 괴로웠을 때도 잘되고 있었음을 알게 된다. 성경 말씀처럼 나의 생각과 하나님의 생각이 달랐고, 결국은 합력하여 선을 이루셨던 하나님을 볼 수 있게 된다. 왜 그런 일을 당하게 되었는지 그때는 몰랐지만 잘되고 있었던, 축복이 진행되고 있었던 것임을 알게 된다.

인간의 생각으로 잘되었다고 하지만 정말 잘된 것인지에 대해서 알 수 없고, 잘못되었다고 하지만 정말 잘못되었다고 단정 지을 수 없는 것이 인간의 한계이다. 내일 일을 모르기 때문이다.

삶이란 씨실과 날실처럼 고난과 기쁨이 한 올씩 짜여 이루어지는 것이다. 모두 다 날실로만 짜일 수도 없고, 씨실로만 짜일 수도 없다. 그러니 성급하게 결론을 내려고 해서는 안 된다. 내 삶은 아직 짜여지고 있는 중이다. 그러니 내 삶에 대해 결론적인 평가를 해서는 안 된다. 믿음으로 "잘되고 있습니다"를 받아들일 수 있다면 내일을 볼 수 있을 것이다.

낙심하여 주저앉고 싶다면 스스로에게 "잘되고 있습니다"라고 말해보는 게 어떨까? 정말 당신은 잘되고 있기 때문이다.

# 나이 듦에 대하여

    평소에 존경했던 분에게 전화를 드렸다. 일흔이 넘은 연세임에도 그 분은 기도 모임을 만드는 등 너무 바빠서 세월 가는 것을 모르겠다고 하셨다.

    통화를 하면서 떠오르는 얼굴이 또 한 분 있었다. 그 분은 대기업 부사장으로 은퇴를 하신 후, 새로운 직업의 유혹을 뿌리치고 에티오피아로 떠나서 그곳 아이들과 활짝 웃는 얼굴로 찍은 사진을 보내오셨다.

    반면 어제 뉴스에서 들은 노인들의 성범죄율이 급속히 증가하고 있다는 소식과 며칠 전에 올케에게 들은 이웃 노신사의 이야기도 떠올랐다. 평소 패기가 있고 너무 멋있었던 분이 은퇴를 하시더니 순식간에 늙어버려 올케가 놀랐다는 이야기였다.

    두 부류의 나이 듦을 보면서 '무엇이 그들을 선명하게 갈라놓았나'를 생각해보게 된다. 먼저 자기 확신에서 오는 열정이 아닌가 하는 생각이 들었다. 특히 남성에게 있어서 '일'이란 자신의 존재 가치이다. 퇴직을 하게 되면 갑자기 사회에서 소외된 것 같고 가정에서조차 낄 틈을 찾지 못해 자존감이 떨어진다. 그동안 살아왔던 세월이 무의미하게 느껴지고 삶에 대한 열정이 사라져버린다.

노년임에도 젊은이 못지 않게 열정적으로 사는 어느 작가는 자신이 젊게 사는 비결이 자기 혁신의 의지를 계속 갖고 있기 때문이라고 했다.

아울러 선교사인 지인의 말도 생각났다. 나이가 들면 힘을 빼는 연습도 해야 한다는 것이었다. 젊어 힘이 있을 때 하던 특정한 일을 고집하며 연연해하지 말고, 지금 그 자리에서 할 수 있는 일을 찾으면 행복하게 일할 수 있다는 것이다.

'일이 없다'는 것은 어찌 보면 그로 인해 들어오는 소득이 있어야 일이라고 할 수 있다는 생각 때문인지도 모른다.

크리스천에게 '일'이란 무엇인가? 하나님의 나라를 확장하고 사람들을 하나님께로 이끄는 것이 일의 목적이라면 나이와 상관없이 일은 널려 있다. 사람들은 어디에나 있기 때문이다.

심리학자인 에릭슨(Erikson)은 노년기의 발달심리를 '통정성 대 절망감'(integrity vs. despair)이라고 했다. 자신의 삶이 가치 있었다고 긍정적으로 수용하고 만족할 때 통정성이 생기고, 자신의 삶을 실패로 단정 짓고 사람들로부터 단절감을 느낄 때 절망감을 느낀다는 것이다.

어떤 선택을 하느냐에 따라 나이 듦이 아름다울 수도 있고 추할 수도 있는 것이다.

## 어떤 약속

미국에서 전화가 왔다. 경룡이 엄마에게 온 전화였다. 그녀는 내 근황에 대해 물었다. 나는 이야기했고, 그녀는 "하루도 빠지지 않고 기도를 하고 있다"고 했다.

경룡이 엄마는 내 오래된 학부형이다. 교직에 있을 때, 나는 그녀의 아들 경룡이가 5학년 때 담임을 했었다. 어느 날 경룡이 엄마가 학교로 나를 찾아왔다. 그때 나는 학교의 왕따였었다. 불교학교에서 기독교 복음을 전해서 왕따였고, 촌지를 받지 말자고 해서 교사들에게 왕따를 당하고 있었다. 경룡이 엄마는 "선생님이 학교에서 아이들과 예배를 드린다는 게 너무 감사해서 왔어요"라면서 감사의 표시로 촌지를 내밀었다. 극구 사양을 해도 '감사 표시'라며 경룡이 엄마는 고집을 부렸다. 쉽게 물러날 것 같지 않아서 "정 그러시다면 교회에 가셔서 헌금을 하시고 저를 위해 기도해주십시오"라고 했다.

그것이 약속이 되어 그녀는 한결같이 나를 위해 기도하고 있다. 경룡이가 장가를 가서 아들을 낳을 만큼 세월이 흐른 지금도 그녀는 그 약속을 잊지 않고 있다. 미국으로 이민 가서 살면서도, 그녀가 병중에 있을 때도, 그녀의 집안이 어려울 때도 그녀는 하루도 빠지지 않고 나를 위해 기도하고 있다고 했다.

오랜 세월이 흘러 내 전화번호가 몇 번 바뀌었어도 어떻게 해서든 먼저 알고 전화를 걸어오는 쪽은 늘 그녀였다. 그녀는 크리스천의 한 마디 약속을 천금처럼 귀하게 여기는 것 같았다. "기도할게요"라는 말을 남발하는 바람에 지키지 못한 기도의 약속이 많은 나는 그녀의 전화를 받을 때마다 그녀의 신실함을 감탄하게 된다. 그리고 내가 지키지 못한 약속들이 부도낸 수표처럼 하늘에 쌓여 있을까봐 은근히 겁이 나기도 한다.

손가락 걸고 한 약속도 아닌데 그녀는 하나님 앞에서 한 약속이라 생각하고 그토록 긴 세월을 기도하나보다. 약속이라기보다 일방적인 부탁이었음에도 그녀는 "예"라고 응답했던 그 한 마디에 책임을 걸머졌던 것이다.

하나님을 의식하지 않고 약속을 하고, 그 책임에는 무감각해 교회의 신뢰가 떨어져가고 있는 이 시대에 신실히 약속을 지키는 경룡이 엄마는 기독교인의 "예"에 대한 무게를 느끼게 한다.

## 내 입에 붙은 말

　예전에 직장 동료들과 가을 여행을 떠난 적이 있었다. 통로를
사이에 둔 옆자리에 두 분의 중년 선배들이 앉아 있었다. 차창
밖에 나무들이 줄지어 선 가로수 길을 버스가 달리고 있을 때 한
선배가 옆에 앉아 있는 선배에게 "저 나무들이 뭐라고 하는 것 같
아?" 하고 물었다. 질문을 받은 선배가 차창 밖으로 스쳐가는
나무들을 바라보며 대답했다.

　"피곤해서 눕고 싶다고 하는 것 같아."

　"그래? 나는 기쁘다고 소곤거리는 거 같은데."

　두 사람의 대화를 들으며 나는 얼핏 '이상하다'고 생각했다.
평소 강하고 지칠 것 같지 않았던 선배가 '나무가 피곤해서 눕고
싶다고 한다'고 한 말이 마음에 걸렸다. 그해 겨울 그 선배는 쓰
러져 자리에 누웠다.

　사람의 말이란 마음뿐만 아니라 건강 상태까지 드러내는 것이

다. 그 선배는 몸도 마음도 지친 상태가 말로 표현된 경우지만, 말이 앞서서 몸이 지치는 경우도 있다. 때로 우리는 의식하지 못하면서 습관적으로 이렇게 말하곤 한다.

"짜증나", "귀찮아", "죽고 싶어", "미치겠네", "바보 같아".

자신에게 하는 심층언어가 자신의 귀에 들려 뇌에 입력되면 정말 짜증이 나게 되고 사는 게 귀찮아지고 죽고 싶어진다. 언어에는 에너지가 있기 때문이다.

> 죽고 사는 것이 혀의 권세에 달렸나니 혀를 쓰기 좋아하는 자는 혀의 열매를 먹으리라 잠 18:21

이 말씀을 우리는 잘도 잊어버리고 자신을 해치는 말을 거침없이 한다. 자신에게뿐만 아니라 가족에게까지 말의 독화살을 쏘아댄다면 그간 사랑한다고 한 모든 수고를 스스로 파괴해버리는 것이다. 그러므로 내가 습관적으로 하는 말이 무엇인지 살펴볼 필요가 있다.

어린 시절 읽었던 동화 중에 계속 불평을 해대는 아이에게 마귀가 나타나 "네 말대로 해줄까?"라고 말하는 대목이 있었다. 그제야 아이는 자기가 무슨 말을 했는지 생각하며 소스라치게 놀라 "아니오, 아니오"라고 말했다.

　내가 무슨 말을 하며 사는지 한번 진지하게 점검해보자. 무심코 하는 습관적인 말 중에 좋지 못한 것이 있다면, 그것이 내 삶의 열매가 맺히지도 못하고 떨어지게 하는 해충인 줄 알고 속히 털어버리는 것이 좋다.

# 다시 한 번 꿈을 꾸자

내일을 기대하지 않는 오늘은 무기력하다. 무기력은 실패가 반복될 때 생긴다. 창공을 마음껏 날던 독수리가 어느 날 사로 잡혀 쇠사슬에 다리가 묶였다. 독수리는 기를 쓰고 날기를 시도한다. 그러나 그럴 때마다 쇠사슬에 긁혀 피멍이 들고 살갗이 벗겨진다. 독수리는 계속해서 날기를 시도하지만 그럴 때마다 돌아오는 것은 아픔과 상처뿐이다.

실패를 거듭하던 독수리는 날기를 포기한다. 하늘의 삶을 포기하고 땅의 삶을 택한다. 두 날개는 오히려 무거운 짐이 되고 수치가 된다.

어느 날 쇠사슬이 벗겨졌다. 이제 독수리에게 날아오를 수 있는 기회가 온 것이다. 그러나 오랜 세월 실패를 경험한 독수리는 '시도해보았자 실패할 뿐이다'라는 생각에 사로잡혀 있다. 그리고 날기를 포기해버린다. '학습된 무기력'에 빠진 것이다.

이 가여운 독수리의 이야기는 우리 삶의 이야기이기도 하다. 실패에 대한 두려움이 포기를 낳는다. 실패에 대한 정의를 어떻게 내리는가에 따라 실패를 대하는 우리의 자세가 달라진다. 로버트 슐러(Robert Schuller) 목사는 실패를 이렇게 정의했다.

실패는 당신의 삶 자체가 실패임을 의미하지 않으며, 다만 당신이 아직 성공하지 못했음을 의미할 뿐이다. 실패는 당신이 열등하다는 것을 의미하지 않으며, 다만 당신이 완전한 존재가 아님을 의미할 뿐이다. 실패는 하나님께서 당신을 버리셨다는 것을 의미하지 않으며, 하나님께서 더 좋은 계획을 갖고 계심을 의미한다.

사람에게 있어서 실패는 인생의 한 부분일 뿐이다. 실패를 너무 과장해서 생각해서는 안 된다. 어쩌면 살아간다는 것은 실패를 거듭 반복하고 극복하는 과정인지도 모른다. 그러니 다시금 새로운 시도를 하자. 소망의 끈을 다시 한 번 붙잡고 내일을 기대해보자. 죄의 사슬을 끊으신 그리스도 안에서 하늘을 나는 꿈을 다시 한 번 꾸자.

자, 이제 다시 새 날이 주어졌다. 다시 날아오를 수 있는 날이….

# 한 장 남은 달력 앞에서

한 장 남은 달력마저 마지막 잎처럼 떨어질 때가 되면 사람들은 무리 지어 그 서운함을 달래려 한다. 한 해의 끝에 서게 되면 뒤돌아보게 되는 날들, 열심히 살았지만 쌓인 것은 없고 올 한 해도 성공적으로 살지 못한 것 같은 실패감에 마음에 찬 바람이 찾아들기 때문이다.

그럴 때면, 성공했다고 자부하는 한 정치인이 빈민가의 테레사 수녀에게 했다는 질문과 그 질문에 대한 테레사 수녀의 대답을 생각해보아도 좋을 것 같다.

"당신이 하는 일이 세계적으로 많이 알려지기는 했지만 별다른 성공을 보이지 않는 것에 대해 가끔 좌절하거나 실망한 적도 있으리라 생각됩니다만, 어떻습니까?"

"천만에요. 전 실망하거나 좌절한 적이 없습니다. 왜냐하면 하나님은 제게 성공의 임무를 주신 것이 아니라 사랑의 임무를 주셨기 때문입니다."

한 해를 마무리하며 자신의 일의 성과에 대해 회의를 느껴 좌절하고 있다면 하나님께서 주신 삶의 날들에 대해 자신이 어떤 의미를 두고 살아가고 있는가를 생각해보아야 할 것이다. 성공의 임무를 다하라고 세월을 주신 것으로 착각하고 있었던 것은 아니었는지 말이다. 때로 우리는 주님의 일을 한다고 하면서도 사랑의 임무를 잊고 성공의 임무에 초점을 맞추어 세월을 보내기도 한다.

우리가 돌아보아야 할 것은 성공을 가늠하는 것이 아니라 사랑의 분량을 헤아려보는 일이다. 언젠가 인생의 결산을 하게 될 때는, 성공에 대한 질문이 아니라 사랑에 대한 질문을 받게 될 것 같다.

가난한 어린 소년이 빈민가에 들고 온 사흘 분의 설탕을 받아든 테레사 수녀가 내린 '사랑의 정의'는 우리에게 사랑에 대한 용기를 준다.

"사랑은 사흘 분의 설탕이에요."

적은 사흘 분의 설탕 같은 사랑을 했다면, 그리고 하나님의 사랑 이야기를 누군가에게 들려주었다면, 올 한 해 당신의 시간은 헛되지 않은 것이다.

우리는 한 해의 끝에 설 때마다 묵은 달력을 떼어내고 새 달력을 받게 된다. 사랑할 수 있는 시간들이 다시 한 번 기회로 주어지는 것이다. 새 달력에는 사랑 이야기가 가득 채워지기를 기도해본다.

# 힘들면, 기대렴

| | |
|---|---|
| 초판 1쇄 발행 | 2015년 5월 8일 |
| 지은이 | 오인숙 |
| 펴낸이 | 여진구 |
| 책임편집 | 1팀 | 이영주, 김수미 |
| 편집 | 2팀 | 최지설, 김나연    3팀 | 안수경, 유혜림    4팀 | 김아진, 김소연 |
| 책임디자인 | 이혜영, 오순영 | 전보영, 마영애 |

| | | | |
|---|---|---|---|
| 기획·홍보 | 이한민 | 해외저작권 | 김나은 |
| 마케팅 | 김상순, 강성민, 허병용, 이기쁨 | 마케팅지원 | 최영배, 이명희 |
| 제작 | 조영석, 정도봉 | 경영지원 | 김혜경, 김경희 |

| | | | |
|---|---|---|---|
| 이슬비전도학교 | 최경식, 전우순 | 303비전성경암송학교 | 박정숙, 정나영, 정은혜 |
| 303비전장학회 & 303비전꿈나무장학회 | 여운학 | | |

펴낸곳    규장

주소  137-893 서울시 서초구 매헌로 16길 20(양재2동) 규장선교센터
전화  02)578-0003    팩스  02)578-7332
이메일 kyujang@kyujang.com    홈페이지 www.kyujang.com
트위터 twitter.com/_kyujang    페이스북 facebook.com/kyujangbook
등록일 1978.8.14. 제1-22

ⓒ 저자와의 협약 아래 인지는 생략되었습니다.
이 출판물은 저작권법에 의해 보호를 받는 저작물이므로 무단 전재와 무단 복제를 할 수 없습니다.

책값  뒤표지에 있습니다.
ISBN 978-89-6097-404-3 03230

---

## 규 | 장 | 수 | 칙

1. 기도로 기획하고 기도로 제작한다.
2. 오직 그리스도의 성품을 사모하는 독자가 원하고 필요로 하는 책만을 출판한다.
3. 한 활자 한 문장에 온 정성을 쏟는다.
4. 성실과 정확을 생명으로 삼고 일한다.
5. 긍정적이며 적극적인 신앙과 신행일치에의 안내자의 사명을 다한다.
6. 충고와 조언을 항상 감사로 경청한다.
7. 지상목표는 문서선교에 있다.